青春文庫

# 腹横筋ブレスで「お腹《なか》」がスキッとしまる！

長坂靖子



青春出版社

# はじめに

「とにかくキレイになりたい！」「ウエストのくびれを取り戻したい」「ぽっこりお腹をなんとかしたい！」

そう思ってこの本を手に取ってくださったあなたへ。

その心意気に拍手！　なりたい自分を目指すというそのポジティブなエネルギーこそが、美の基本であり、生きるエネルギーだと私は思っています。

簡単に自己紹介をしますと…、私は16歳のときミスコンテストの世界を経験し、モデルなどもしながら自分の美を追求してきました。結婚して2度の出産も経験。

そのとき、出産で16キロ増えた体重を、姿勢やウォーキングで戻したことをきっかけに、今は日本ウォーキングセラピスト協会の代表として、姿勢やウォーキングを取り入れた美容法や健康法を指導しています。

そうした自分自身の経験からも、「誰にでも簡単にできて、日常的にできることこそ効果がある」というのが、私の基本的な考え方。還暦を迎える現在も、その方法がベストだと自分の身体で実感しています。

そこで、長年の美容知識と経験を踏まえて、今回新たに考案したのが、ウエストのくびれ作りに着目した「腹横筋《ふくおうきん》ブレス」のお腹ダイエットです。

腹横筋？　初めて聞く人も多いでしょう。お腹の土台となる筋肉、腹横筋にアプローチすることで、身体の内側からキュッと締めることができるのです。身体の一番内側に存在する腹横筋は、「呼吸」で鍛えます。だから、「腹横筋ブレス」なのです。

そこに、腹斜筋・腹直筋を伸ばすエクササイズを組み合わせることで、最強のエクササイズが誕生しました！

効果は織り込み済み！　1回のエクササイズでウエストサイズが2〜3センチ減るのはよくあること。お肉が多めについた人だと、5〜10センチ減る方もいらっしゃいます。

なぜこんなに効果が出るのかというと、一番のポイントは、肋骨《ろっこつ》と骨盤《こつばん》の上下の隙間を伸ばしてくびれの道筋を作ることにあります。

蛇腹《じゃばら》みたいに縮んでしまったウエストは、まず伸ばして、くびれの道筋を作ることからスタート！　縮んだ状態で腹筋運動をしても、くびれができにくいばかりではなく、苦しいし、苦しいことは長くは続きませんよね。

その点、このダイエットは、〝のびのび伸ばして、気持ちよくくびれよう！〟がコンセプトだから、身体の筋肉をしなやかに伸ばして、気持ちよくエクササイズしているうちに、いつの間にかくびれができちゃうのです。

くびれがないとお悩みの方へ。くびれは誰にでもあるもの。お腹をひっぱってあげれば、眠っていたくびれが必ず目を覚まします。

今あるくびれにさらに磨きをかけたいという方も大丈夫。やればやっただけ、くびれののりしろはまだまだあると実感いただけることでしょう。

年齢は関係ありません。いくつになって始めても、必ずやっただけの効果が出るのがウエストなのです。ウエストは素直なんですよ。

さあ、今日からくびれ美人を目指しましょう！

合言葉は、「ふーっ！　ふーっ！」「伸びて～伸びて～！」「気持ちよ～く伸びて～！」。

自分の美の可能性を信じて、心もしなやかに、楽しんで挑戦してくださいね。

長坂靖子

『腹横筋ブレスで「お腹《なか》」がスキッとしまる！』

# 目次

## Chapter 2

## くびれが目覚める！ 毎日の基本エクササイズ&姿勢

Chapter 3

本文DTP・本文イラスト（62〜67P）……岡崎理恵
本文イラスト・編集協力……根岸伸江
筆者写真……石田健一

# Chapter 1

# 腹横筋ブレスが
# どうしてウエストに効くの？

くびれは、女の意識が現れる

## 気を抜けばすぐにお肉がつく年齢でも、エクササイズの効果は抜群！

ウエストというのは、肋骨と骨盤の間にあるもの。ここは身体のなかで唯一、骨に覆われていない部分です。

むき出しになった内臓を支えているのは何かというと、私たちの腹横筋です。腹横筋は、内臓を覆って支えるコルセットのような重要な役目があります。

つまり、骨がない分、細くしようと思えば、やればやっただけ効果が出やすいのがウエストです。だけど、気を抜くとお肉がつきやすい困ったところでもあります。

ウエストは、「その人の気のゆるみが現れる場所」といえます。意識がウエストに出るのです！　お腹まわりって、隠そうと思えばいくらでも洋服で隠せますよね。チュニックみたいな服で覆ってしまえば、そもそもウエストなんてなかったことにできる。

そういう生活を続けて、自分のウエストから目をそむけていると、気づいたときには、「私のくびれ、どこ行っちゃったの!?」「どこを探してもくびれが見当たらない!」なんてことになっちゃうわけです。

ラクな生活をしている人は見るからにラクチンなウエストになっているし、意識している人は、その緊張感がきちんとウエストに現れる。ウエストには、あなたのライフスタイルと美意識がそのまま現れます。

でも、みんなラクなほうに行きたくなるのです。

もちろん、人間だから、「今日はゆるんじゃった」「お腹ぽっこり」ってときもあるでしょう。

だけど大事なのは、それに自分で気づくこと。

「あ、今私ラクなほうに行っちゃった」って、修正する意識が大切です。「私のウエストはここよ!」って、どんなときも、けなげなくびれちゃんの存在を忘れないでほしいのです。

そして、還暦を迎えようとしている私自身が実感しているのですが、年齢も関係ない！

やればやるだけウエストは応えてくれるし、ぐうたらすればするほど、ウエストもぐうたらしていくのは、何歳になっても同じなのです。今回、新たにこの「腹横筋ブレス」を提案するにあたって、このエクササイズを復習したけど、身体への効きはやっぱりすごかった！

この本を手にしたからには、服でごまかそうとせず、たとえば温泉などで裸になったときに「さあどうぞ！」とくびれを自慢できる人であってほしいですね。

腹横筋ブレスで身体が変わるワケ

# ぽっこりお腹も浮き輪わき腹もエクササイズでくびれウエストに！

腹横筋は深層部に位置する筋肉で、姿勢を保持するコルセットの役割をしています。

〝深層部の筋肉を鍛える〟というと難しそうですが、「呼吸」のコツをつかめば簡単にできます。私たちが普段している呼吸は浅い呼吸（胸式呼吸）ですが、深い呼吸（腹式呼吸）をすると肺の下に位置する横隔膜が動き、呼吸を排出するときに、腹横筋がサポートして空気を体外へ送り出します。このときに腹横筋を鍛えることができるのです。

呼吸で体の内側から腹横筋に働きかけ、凹《へこ》んだお腹の土台を作ります。

また、腹式呼吸を行うと、体内に酸素が多く取り込まれて血流やリンパの流れが良くなり、代謝アップや脂肪燃焼など嬉しい効果が期待できます。

3つの腹筋を正しい位置に

# ゆるんだ骨格と腹筋を立て直して、くびれの道筋を作ろう

ウエストは、肋骨と骨盤の間にあって、唯一、骨に覆われていない部分。だから、骨がない分、腹筋には内臓を支えるコルセットのような重要な役割があります。

ちなみに、お腹まわりは、体の内側から順に〝腹横筋《ふくおうきん》〟〝腹斜筋《ふくしゃきん》〟〝腹直筋《ふくちょくきん》〟という3つの腹筋で構成されています（左ページの図参照）。それがゆるんだり縮んだりしていたら、コルセットの機能を果たせず、しっかりとしたくびれが作れません。

だから、くびれを作りたいときは、まずは縮んだ姿勢を伸ばして、骨格と筋肉を正しいポジションに戻すことが重要。エクササイズよりも何よりも、とにかく姿勢をただすってことが大切なのです！

## 腹横筋

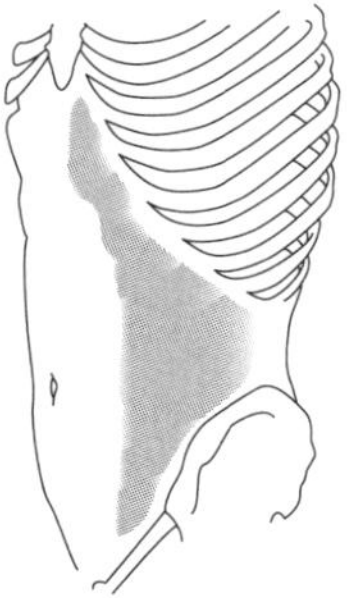

腹斜筋の下あたり、骨盤後方から腹直筋につながるベルトのような筋肉。腹横筋が収縮するとお腹が凹む。

## 腹直筋

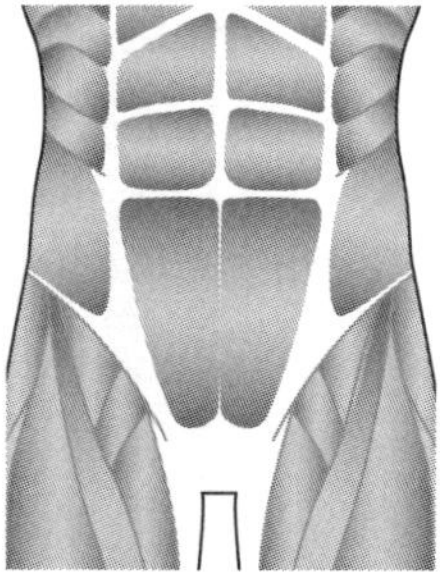

肋骨から腰骨までまっすぐ伸びている、一番表面にある腹筋。身体を前に曲げるときに使う。腹圧を高めて排便を助ける役割も。

## 腹斜筋

肋骨から骨盤まで斜めに走っている筋肉。外腹斜筋と、その下で反対方向に走る内腹斜筋とともに、ねじれの動作に必要。腰のくびれを作るのに欠かせない。

### 内腹斜筋

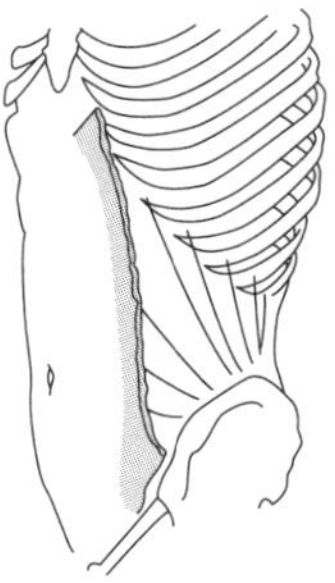

### 外腹斜筋

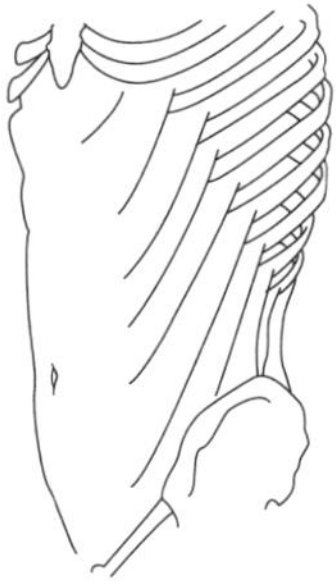

腹横筋で土台を作る

## 腹式呼吸を意識する、それだけで身体の深部にアプローチできる！

くびれを作るには、コルセットの土台である一番奥の腹横筋をいかに鍛えるかがポイント。だけど、腹横筋は身体の深部にあるので、鍛えにくいところです。

そこで、一般の人が腹横筋を鍛えるのに一番いいのが腹式呼吸です。

腹式呼吸だと、呼吸時に肺の下の横隔膜が上下します。その動きに合わせて腹横筋を膨らませたり凹ませたりして、内側から鍛えるのです。腹式呼吸で横隔膜をしっかり動かすには、腹筋を伸ばして呼吸しやすいポジションを作ることが重要です。

しっかりと呼吸ができると全身の血流量もアップ！　身体の中の老廃物を流すリンパ管のめぐりもよくなるので、むくみもとれて身体がスッキリと引き締まってきます。

また、姿勢をただすことで内臓機能も向上。お通じもよくなり肌もツヤツヤ、身体の中からキレイに変身！　つまり、代謝が上がって太りにくい身体になるのです。

## 体験者の声　「たった1回でマイナス9cm！」
（26歳女性／身長164cm）

エクササイズ前
**ウエスト97cm**

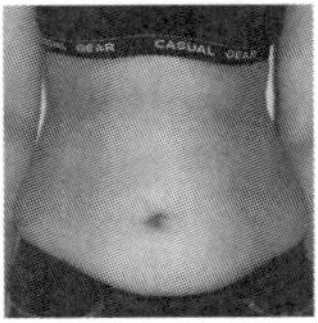

→

エクササイズ後
**ウエスト88cm**

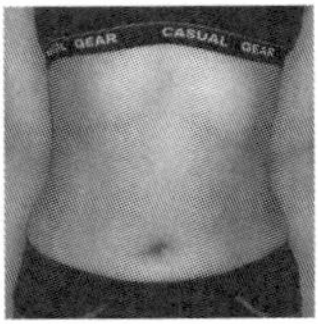

**診断結果**
ポッコリタイプ

**メニュー内容**
準備体操とポッコリタイプ向けのエクササイズ

### 壁立ちで基本姿勢をとっただけで、お腹が引き締まった！

運動嫌いなので普段から全く運動していませんでした。はじめは乗り気ではなかったけれど、実際にやってみると、エクササイズは苦しくなく、気持ち良い感じ。

基本姿勢をとるだけで背筋が伸びて、縮んでいた腹筋までも伸びたみたい。エクササイズ後の写真だとお腹がかなり凹んでいますが、実際は、腹筋を伸ばして身体を持ち上げている感じです。腹筋をキチンと使う事を習慣付けて自然と鍛えられるのなら、ラクで嬉しい。気持ち良いので続けたいです。

タオルで腹斜筋・腹直筋を引き上げる

# 正しいフォームで鍛えられるから、お腹へっこみに効果アリ！

## ●タオルを使うことで、正しいフォームでトレーニングできる

筋肉を正しく鍛えるにはフォームが大切。本来ならトレーナーにチェックしてもらいながら行いたいところですが、そこを補うのが、家にある薄めのタオル（もしくは手ぬぐい）です。

タオルを利用することによって、身体をより大きく動かすことができるほか、上体の軸を安定させるなど、骨格と筋肉のバランスを正しく整えながらのエ

クササイズが可能に。筋肉に適度な負荷をかけながら、理想的なフォームを再現できるメリットがあるのです。

## 気持ちよくて簡単。だから続けられる

「腹横筋ブレス」&「伸ばしてひっぱるエクササイズ」は、縮んだ身体を気持ちよく伸ばすことが基本。伸ばすだけ、と簡単だから続けられるのがポイント！

どんなエクササイズも積み重ねることが大切です。でも、苦しい思いをして我慢しながらでは続きませんよね。

苦しい思いをして我慢しながらやるのとは違って、気持ちよさを感じることがポイントなので、細かいテクニックや、回数はそんなに気にしなくてもＯＫ。無理なく楽しんでできるからこそ、続けられるのです。

## ●すべての筋肉に対してアプローチしているから、くびれが深い！

本格的にくびれを作るには、腹横筋、腹斜筋、腹直筋をまんべんなくトレーニングしていくことが不可欠。

とくに腹横筋をトレーニングで鍛えるのは難しいのですが、このメソッドは腹式呼吸を意識することで自然に腹横筋を鍛えることができます。

そして、腹斜筋、腹直筋のほか、下半身につながる骨盤内の筋肉までいろんな部位をまんべんなくトレーニング

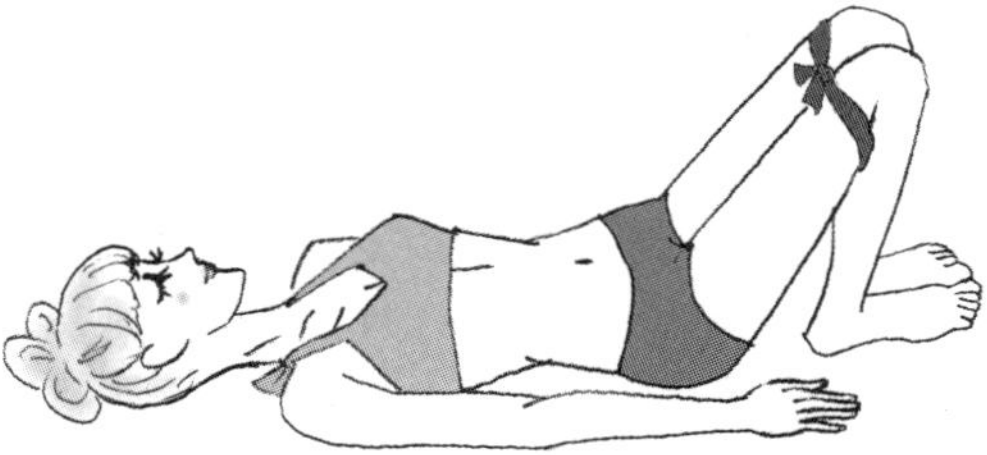

できるので、やればやっただけ深いくびれ効果が得られるのです。

## 正しいフォームでできるから、身体を痛めにくい

タオルを使うことで、フォームを固定したまま、なおかつ身体に負担をかけずにできるので、腰や筋肉を痛める心配がありません。

タオルをひっぱっているだけでも、実は身体にとってあなどれない効果があるのです。

美しいスタイルのために

# 女らしくくびれるのが目標！体重は減らなくても気にしない！

ダイエットをしてそれなりに細くなったのに、ずん胴になってウエストがなかなかくびれない…。そんな人がいたら、「体重を落とそうとするからそうなるのよ！」って教えてあげたい。

くびれを作りたかったら、体重なんてわざわざ落とす必要はないのです。大事なのは、体重じゃなくて全体のバランス。

おっぱいのボリュームはあったほうがいいし、ヒップだってグラマラスなほうがいい。つくところにお肉がついているほうが、むしろメリハリを強調できるからいいのです。

モデルさんなら、一定の美の基準に当てはめようと努力するのも仕事のうちだけど、私たちはモデルさんじゃないのです。

「50キロを44キロまで落とさなきゃダメ！」とか、そういう型にはまった美しさではなく、その人が持っている美しさをその人なりに表現できればＯＫです。美しさを求めるときに、他人と比べるのはもうやめにしませんか？　そもそも、何をもって太っているというのか。基準を他に求めるのはやめましょう。

太っていてもくびれはできるから、安心して、どうぞくびれましょう。ちょっとくらいぽっちゃりさんでも、おしゃれを楽しんでいる人って、輝いているしキレイだと思いませんか？　ツヤツヤの肌に、思わず触れたくなるような丸いバストにヒップ、そしてはじける笑顔…、彼女たちが持っている本来の美しさが発揮できているから、輝いて見えるのではないでしょうか。

美しくなることは、人生を豊かにすること。だから、人生が楽しくなくなって、あなた本来の輝きを失うような無理なダイエットや生き方は、本末転倒だと思います。

外見だけではなくて、筋肉とか血のめぐりとか、内側からしなやかに健康になることが本来の美しさだと私は思います。

お腹にお肉がつく原因とは?

# 痩せにくいのは、骨格や筋肉がゆがんで、代謝が落ちているのかも

## ● 筋肉が正しく使われず、脂肪がつきやすい

骨格がゆがむと筋肉のつき方にもゆがみが生じ、筋肉が正しく使われないと代謝も下がります。とくに骨盤はたくさんの細かい筋肉が集まって支えているんだけど、骨盤がゆがむとそれらの筋肉が効率的に使われずに衰えて、下腹部に脂肪がつきやすくなります。

## ● 腹筋がゆるむと肋骨が開いてずん胴になる

肋骨の下の2本は浮《ふ》遊《ゆう》肋骨といって、骨に固定されていない身体の〝遊び〟の部分。腹筋が使われていると、浮遊肋骨がギュッと内側に入ってきれいなくびれができます

が、筋肉がヌケてると肋骨が開き、ずん胴なシルエットを形成することになります。

## ゆがんだ身体には老廃物がたまりやすい

猫背のように姿勢が悪い人は、身体の前後のバランスが崩れ、筋肉が縮んだところに脂肪や老廃物がたまりやすくなります。

老廃物を流すのに欠かせない「リンパ」は、脚を思い浮かべがちですが、お腹にもリンパ管はあり、老廃物はたまりやすいのです。

## 加齢にともなう筋力の低下が悪循環を呼ぶ

年齢とともに筋力は衰えていくもの。年をとるほど意識して筋肉を使わないと、筋肉量が低下し、代謝が落ちて太りやすくなります。脂肪がつくだけならいいけれど、リンパの流れや血流量が落ちてくると、セルライトがつきやすくなる。そうすると、脂肪が落ちにくい身体になりがちです。

お腹の浮き輪よサラバ！

## 今すぐ「凹ませて」「伸びて」「ひっぱって」くびれサイクルにシフトしましょう！

身体が縮んだままだと、骨格もゆがめばお肉もためこんで、心まで沈んじゃう恐怖のマイナスループに真っさかさま！　プラスのループに切り替えるスイッチはズバリ、身体を伸ばすこと。深呼吸をするようにう～んと伸びをして、心と身体にプラスの気（気持ちよさ）を取り込みましょう。つまり、キレイになりたかったら、気持ちいいことをすればいいのです！

年をとるほど筋力をつけることが重要。筋力が整えば、骨格のゆがみも防げて、脂肪がたまりにくい身体になります。

## マイナスをためこむ「ちぢみサイクル」

- 姿勢が縮こまる
- 呼吸が浅くなる
- 骨格がゆがむ
- 腹筋をはじめとする筋肉の衰え
- むくみや血行不良
- 便秘、肌トラブル
- 顔色がくすむ
- 脂肪や老廃物がたまる

## 美しさが加速する「くびれサイクル」

- 背筋を伸ばす
- 骨と筋肉が正しいポジションに整う
- 呼吸が深くなる
- 腹筋が締まってくる
- 血行がよくなる
- お通じがよくなる
- お肌ツヤツヤ
- 顔色がよくなる
- くびれが増す

お腹ひっぱりダイエットのやり方

## 自分のウエストタイプをチェックして、エクササイズメニューを選択しましょう

1. くびれチェックテストで自分のくびれタイプを診断（P38～）
2. ウエストサイズを計ります（くびれ日記に記録しましょう）（P154～）
3. 準備体操で身体をほぐします（P52～）
4. くびれタイプに合ったエクササイズを実行（P83～）
5. ウエストサイズを計ります（くびれ日記に記録しましょう）（P154～）

憧れの身体まで、あと少し

# くびれ作りを成功させる3つのコツ

## Q1 どのくらいやれば、くびれてきますか？

**A1** 1回行っただけでも直後は数センチの変化がでますが、本来、筋肉は1日では変わらないので筋肉が内側から生まれ変わるまで続けることが大切。だいたい1週間で動きをマスターし、2週間で筋肉の変化を実感できるはずです。ポイントは、姿勢と呼吸。日常生活でも姿勢や呼吸を意識してみてくださいね。

## Q2 エクササイズはたくさんやったほうがいい？

**A2** 準備運動は、気づいたときでいいので毎日行ってください。タイプ別のエクササイズは、全部行うのが理想ですが、1日最低3個以上はやりたいところ。気持ちよく続けることがポイントなので、無理してたくさんよりも、気持ちよいと感じる程度にとどめましょう。

## Q3 エクササイズに効果的なタイミングはありますか？

**A3**

お風呂上りは身体もほぐれているので効果的。寝る前に、コリ固まった筋肉を伸ばしてリセットさせるとぐっすり眠れますよ。

朝、準備体操で身体をほぐしておくと、それだけでも身体にかかる負担を軽減できるので、その日１日、疲れにくく感じるはずです。

くびれチェックリスト

## 自分に当てはまるものにチェック！

数が多いものが、あなたの
お悩みタイプです

### Aタイプ

- □ウエストの左右のくびれが異なる
- □歩いているうちにスカートが回ってしまう
- □脚を組むクセがある
- □左右の靴底の減り方が違う
- □床に座るときはたいてい横座り
- □ブラのストラップが落ちやすい
- □バストの形に左右差がある
- □バッグはいつも片方の手（肩）で持つ
- □あぐらを組んだとき、左右で組みかえると違和感がある
- □仰向けで寝たときにつま先の開きに左右差がある

## Bタイプ

- □ ウエストゴムのボトムスが多い
- □ 猫背である
- □ おへその形が丸い、もしくはお肉で埋もれている
- □ 肩こりがある
- □ 食べると胃が出る
- □ 腰痛がある
- □ 身体は硬いほう
- □ 冷え性である
- □ 身体のラインが出るファッションは好まない
- □ 歩いているときうつむいていることが多い

## Cタイプ

- □ローライズを履くと横肉がのる
- □便秘気味である
- □下半身太りである
- □ヒップの左右の高さ大きさが異なる
- □月経に異常がある
- □ヒールの外側が変形しやすい
- □あごが上がっている
- □O脚である
- □むくみやすい
- □過去に、現在よりも5キロ以上太っていたことがある

## Dタイプ

- □ 運動習慣がない
- □ お酒を飲む習慣がある
- □ 不規則な生活である
- □ 空席は迷わず座る
- □ ストレスがたまっている
- □ 偏食気味である
- □ デスクワークが多い
- □ 寝ても疲れがとれない（眠りが浅い）
- □ 階段よりもエスカレーター
- □ 最近おしゃれに興味がない

**●チェック数が同じになった人**

A＞B＞Cの順で優先して選択します。つまり、AとBが同数の人はAを選択。AとCが同数の人もA、BとCが同数の人はBを選びます。

それぞれのタイプの説明は次のページをご覧ください

あなたはどのタイプ？

## "眠っているくびれ"を呼び覚ます方法はコレ！

### ゆがみタイプ　Aタイプ

骨格のゆがみがくびれの弊害になっているタイプ。あなたの場合、骨と筋肉をひっぱって、身体の土台を正しいポジションに整えることが先決。土台が整えば、もっと美しく、もっとハッキリと、女性らしいカーヴィなくびれラインが出せますよ！

メニュー内容

**基本の腹横筋ブレス**（48P～）＋**準備体操**（52P～）
**ゆがみタイプ向けのエクササイズ**（84P～）

### ずん胴タイプ　Bタイプ

ウエスト周辺の筋肉の柔軟性が低下し、血行不良によりくびれができにくいタイプ。

あなたの場合、伸ばしてねじって、ウエストまわりの日ごろ使われていない筋肉を刺激すれば、くびれのお出ましは案外早いと思います。

メニュー内容

**基本の腹横筋ブレス（48P～）＋準備体操（52P～）**
**ずん胴タイプ向けのエクササイズ（110P～）**

## ぽっこりタイプ　Cタイプ

骨盤が開き下腹部の筋肉が緩んでいることによって、そこに老廃物もたまり、骨盤周辺から下半身にお肉がつきやすいタイプ。あなたの場合、ひっぱって伸ばして、下腹部からじんわり引き締めることで、くびれの底力をパワーチャージすることが大切です！

メニュー内容

**基本の腹横筋ブレス（48P～）＋準備体操（52P～）**
**ぽっこりタイプ向けのエクササイズ（128P～）**

## 生活習慣見直しタイプ　Dタイプ

悪い生活習慣がくびれを消失させるタイプ。たるんだ心の持ち様が原因かも。あてはまる行動を改めることがまず大前提。そして、Dの次にチェック数の多かったタイプのエクササイズに挑戦してみましょう。

メニュー内容

**基本の腹横筋ブレス（48P〜）＋準備体操（52P〜）**
**2番目にチェックの多かったタイプのエクササイズ**

1つのタイプのエクササイズをマスターして退屈してきたら、A↓B↓Cの優先度で、ほかのタイプのエクササイズにも挑戦してみましょう。3タイプとも制覇すれば、間違いなく〝くびれマスター〟、誰もが憧れる〝くびれクイーン〟になれること請け合い！

## エクササイズの強度について

それぞれのエクササイズは、★の数で強度を表示しています。最初から全部できなくてもよいので、自分が楽しく続けられるものから試してみてください。やっているうちに、自分の身体に心地よい動きが、必ずあるはずです。それは、あなたの身体が求めている、あなたに必要な動き。頭で難しく考えずに、心と身体が求めるままに、気持ちよく動かしていきましょう。

★………ラクで気持ちいい

★★……効いてる！

★★★…きついけどがんばって!!

# Chapter 2

# くびれが目覚める！
# 毎日の
# 基本エクササイズ＆姿勢

## 基本 腹横筋ブレス

# 基本姿勢と腹式呼吸の確認

腹式呼吸で横隔膜を上下に動かし、
お腹のインナーマッスル（腹横筋）を
鍛えましょう！

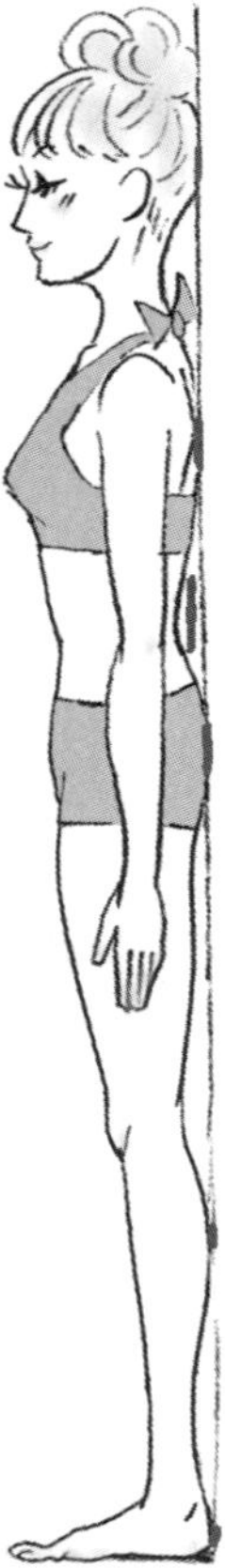

### 壁立ちで腹式呼吸

壁立ちは、自分で基本姿勢を確認するのにベストな方法。よい姿勢というと、腰を反らせる人が多いんだけど、本当はコレが理想の基本姿勢です。この姿勢はすべてのエクササイズの基本となるので、身体で覚えましょうね！

### 基本の壁立ち姿勢

足元から順に、かかと・ふくらはぎ・ヒップ・肩甲骨・後頭部が、壁につくようにします。壁と背中の間の隙間は「手の平1枚分」が理想。

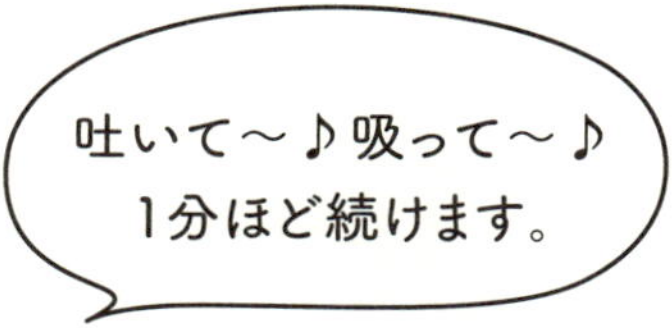

1 深く大きく息を吸います。

2 ゆっくりと息を吐きます。このときに、おへそが背骨につくイメージでお腹を凹ませます。

3 お腹を凹ませたまま10秒キープ。

4 1、2、3を5回くり返します。
1日3回行います。どこでも手軽にできる方法ですので1日のルーティンに組み込みやすいです。

- 慣れてきたらお腹をキープする時間を30秒まで、長くできるように。
- 腹部を大きく動かしますので食後は、避けてください。
- 妊娠時はかかりつけ医に聞き、安全に配慮して行ってください。
- お腹の凹ませかたがわからない人は、寝て行うとやりやすいですよ。

＊間違った方法で腹式呼吸をやり過ぎると、吸入する酸素と排出する二酸化炭素のバランスが崩れ「過換気症状」が出ることが稀にあります。そんなときは慌てずに4秒吸って8秒で吐く（ゆっくり吸って長く吐く）を10回程度続けると落ち着きます。

## タオルを吹いて腹式呼吸

見た目はちょっと笑っちゃうかもしれませんが、腹横筋がしっかり動くので、腹式呼吸をマスターするのにぴったりの方法です。呼吸法は、「吸う」よりも「吐く」ことを意識。吐き切ると自然と吸うことができますよ。

1 長く息を吐ききる。
フ〜〜〜♪　フ〜〜〜♪
（2回）

2 短く吹ききる。
フッ！フッ！フッ！フッ！フッ！
（5回）

**タオル：2本をつないで1本にして使用**

足を腰幅に開き、基本姿勢で立ちます。結び目が口の前に来るようタオルの高さを調節してもちます。
息を吐くときは、「フ〜ッ！」と吐ききって。タオルが顔から離れるように、口をすぼめてしっかりと息を吐ききります。呼吸はもちろん腹式呼吸で。

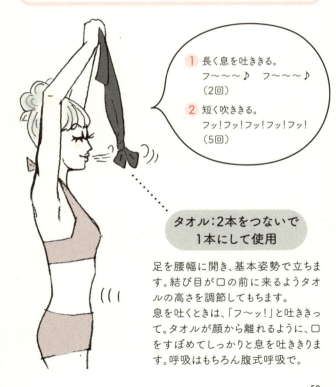

NG! 猫背にならないように。

## 腹式呼吸とは

仰向けになって、眠っているときのようにゆっくりと呼吸をすると、お腹が上下に動きますよね？　息を吸ったときはふくらんで、吐いたときはへこむ。これが腹式呼吸。肺を下のほうに膨らますことで、横隔膜を上下させるので、腹圧が変化するのです。

準備体操

# 肩甲骨と肋骨まわりをほぐしてほぐして

ひと息入れるときに伸びをするような感覚で、
身体を気持ちよくほぐしていきます。
これなら気づいたときに
いつでもできますね！

POINT

**背筋を伸ばして立つことが大切！**

猫背だと縮んだ腹筋がしっかり伸びません

## タオルリボン体操

基本的に、腕は伸ばしたまま。タオルをなるべく遠くまで伸ばしたり、タオルできれいに円を描いたり、新体操のリボン演技でもしているような気分で、楽しんでやってくださいね～！

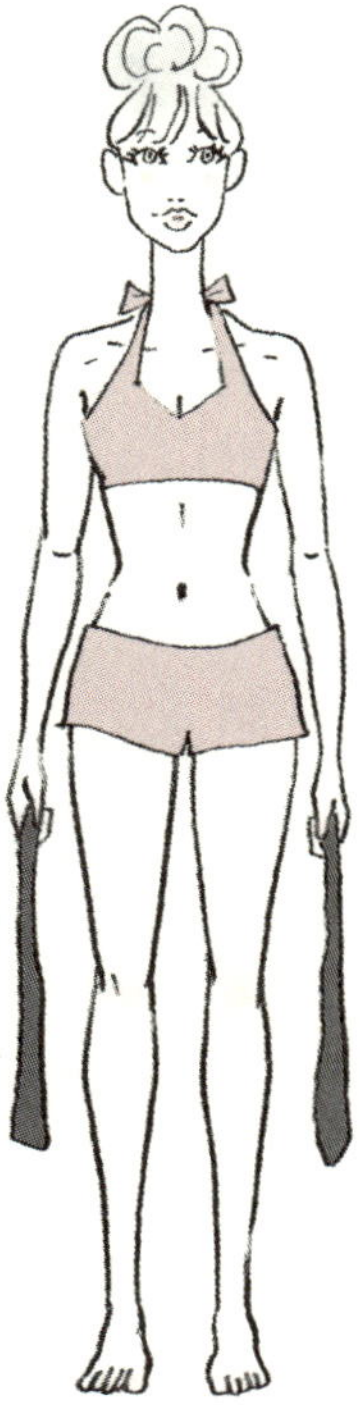

### 基本姿勢

左右の手でタオルの端を持って立ちます。足は腰幅に開き、つま先とヒザを正面に向けて。

＊本書では、腰から足首を「脚」、足首～つま先を「足」と呼びます。

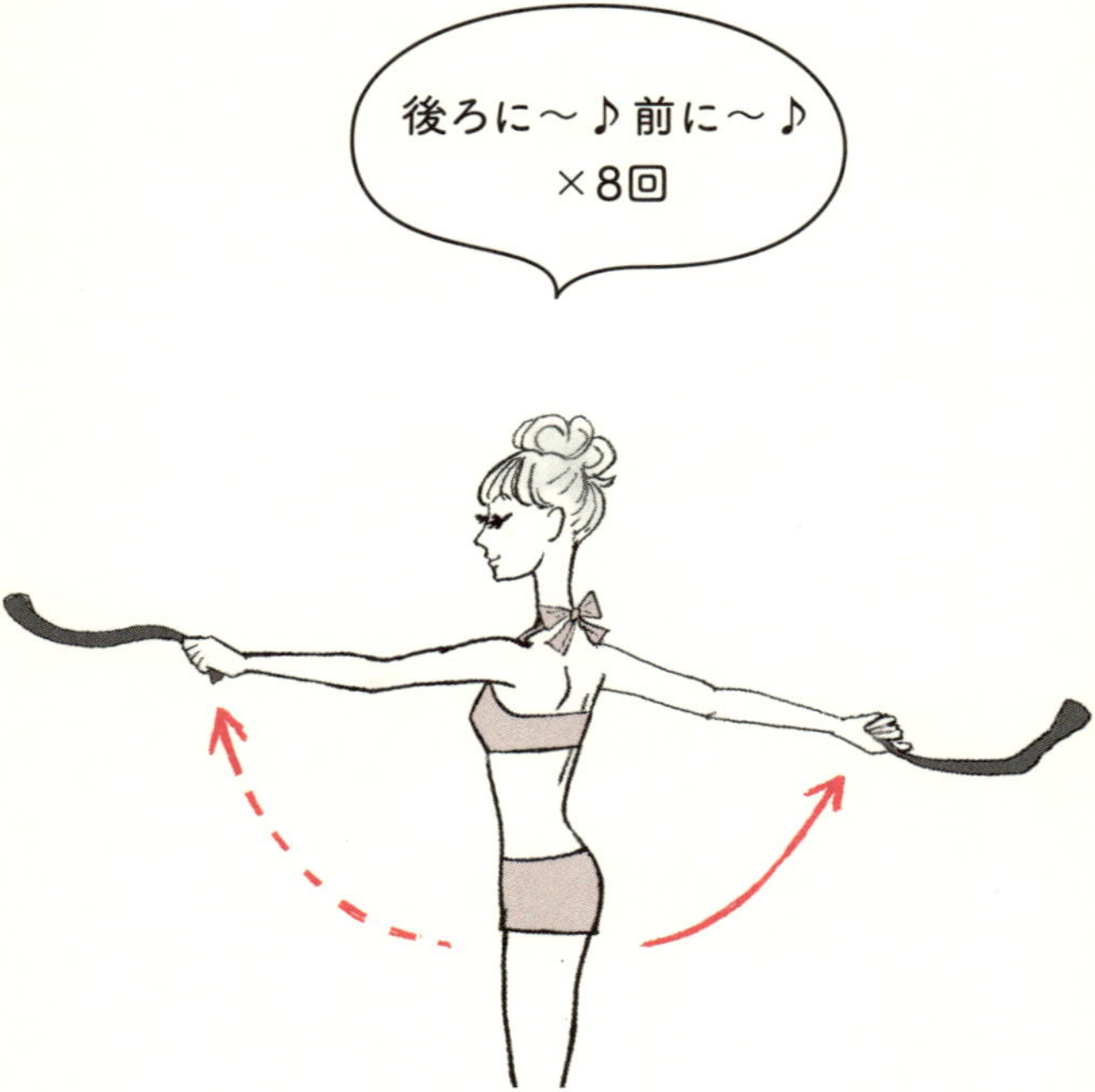


## 1 前後に腕振り

タオルの先を遠くへ投げるように、腕を前後に大きく振ります。ヒジは伸ばしたままで、前よりも後ろに飛ばすことを意識しましょう。

## 2 真上に上げ下げ

今度は、腕を真上に左右交互に上げます。耳の横まで腕がくるようにしてください。

## 3 後ろに回して

背泳ぎをするように、腕を前から後ろへ左右交互に回します。
ウエストからグッと伸ばして～。呼吸を止めずに～！

## 4 開いて閉じる

腕を真横に広げたら、その高さのまま身体の正面で腕をクロスさせます。閉じるときは、右腕が上なら次は左腕を上、というように、左右の腕を交互に入れ替えて。

## タオル肩甲骨まわし

肩や脇、背中まわりをほぐすことで、体のゆがみを整えます。腕を伸ばしたままでタオルが床と平行（水平）になっているかどうか、鏡で確認しながらやりましょう。呼吸は「吐きながら動かす」を意識して。

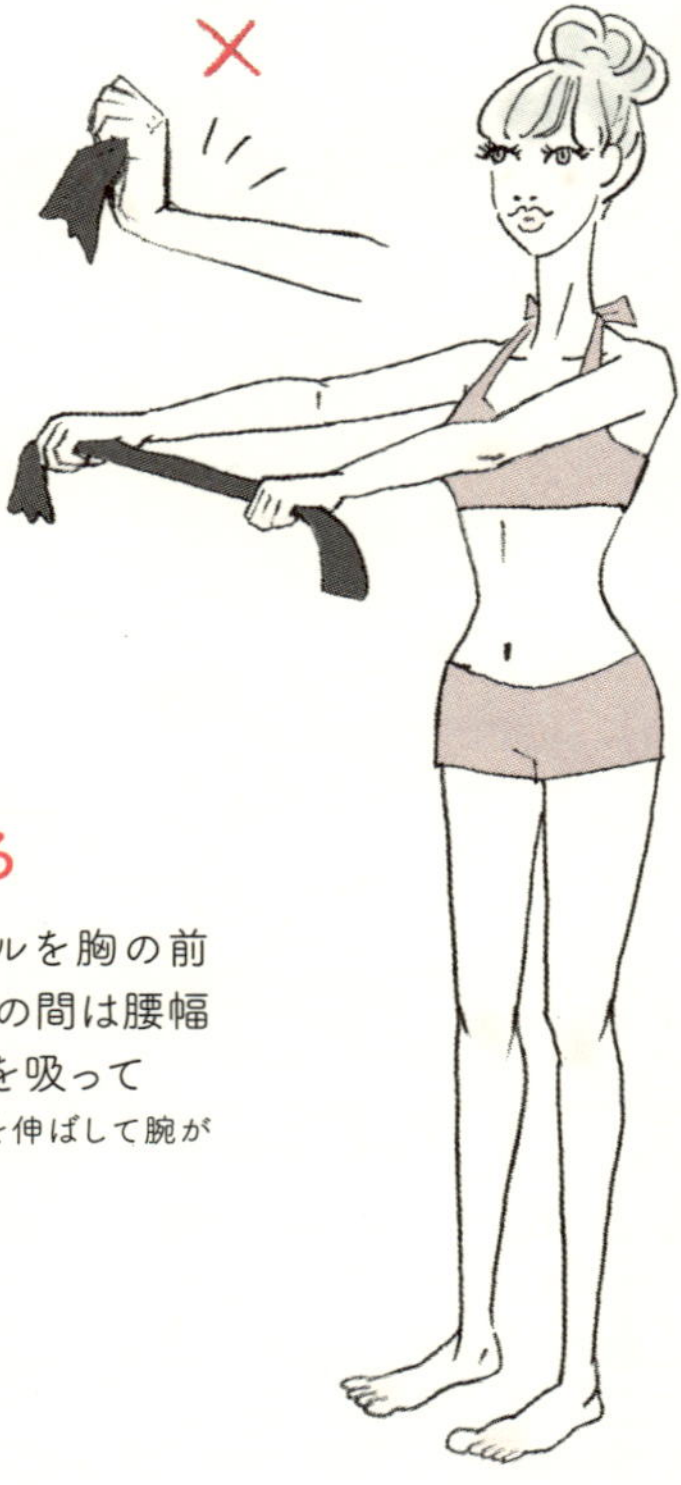

### 1 姿勢をつくる

足は腰幅、1本のタオルを胸の前で軽く持ちます（手と手の間は腰幅くらい）。その姿勢で息を吸って

※手首は曲げないこと。ヒジを伸ばして腕が一直線になるように。

## 2 腕を上に上げる

息を吐きながら、タオルを左右にひっぱりながら腕を上げていきます。

### お腹なのに肩甲骨!?

お腹をスッキリさせるのに肋骨周りや肩甲骨なんて関係ないのでは？　と思うかもしれませんが、それが、大アリなのです。上半身の下部に位置するお腹をひっぱったときに肋骨や肩甲骨周辺が整っていると、思い通りにひっぱりウエストをデザインすることができるのです。美しいウエストラインを手に入れるためにも、その上のパーツを整えることは大切です。

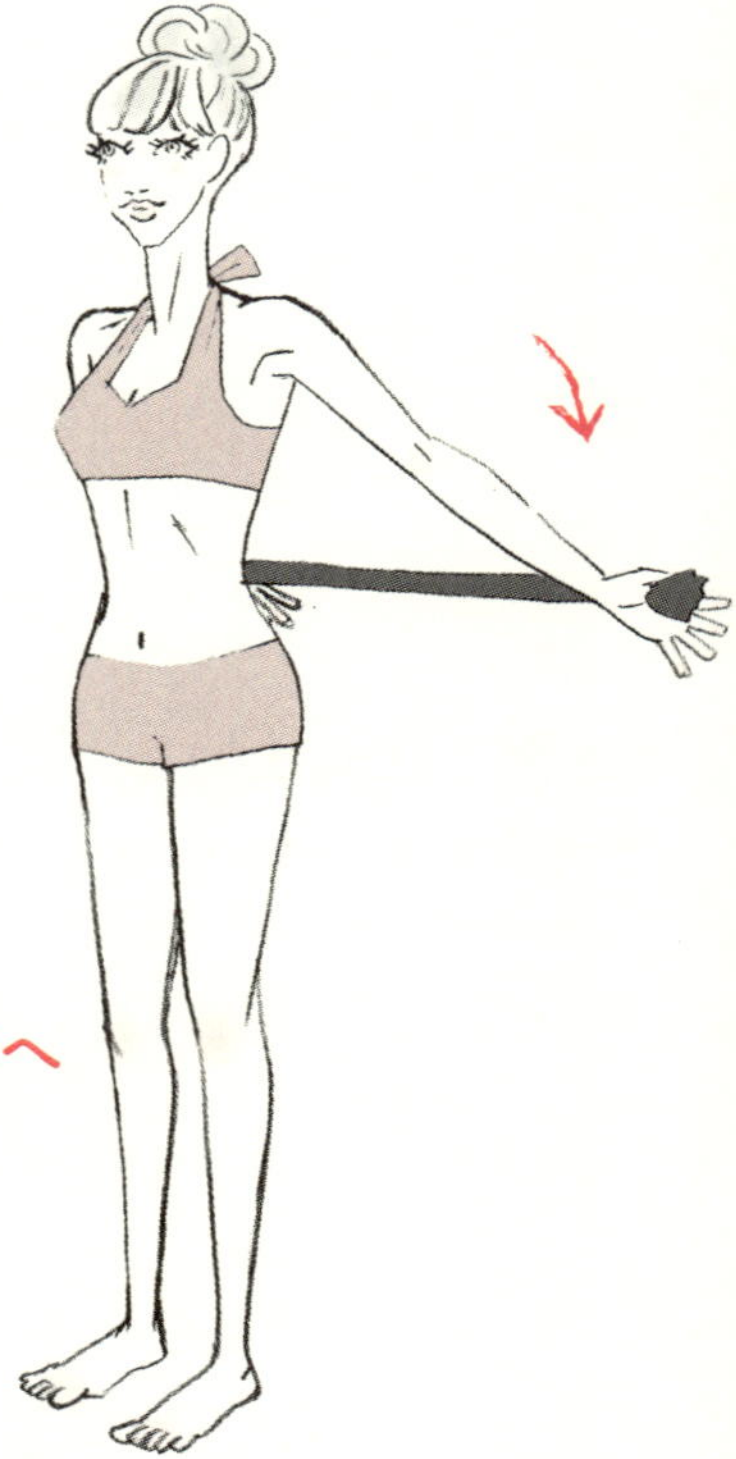

## 3 腕を背中のほうへ

タオルをひっぱったまま腕を背中側に回します。そこで息を吸って～

### 肩や背中がカタい人は…

肩や背中の筋肉がカタい人や、脇のリンパの流れが滞っている人は、背中まで回せないかもしれません。痛い人は無理をせず、1でタオルを持つ手の幅を少し広めにしてやってみてください。

## 4 腕を前に戻す

今度は背中から前へ、息を吐きながらタオルを戻します。1まで戻ったら、息を吸って2、3を繰り返します。呼吸を止めずにスムーズに動かしましょう。

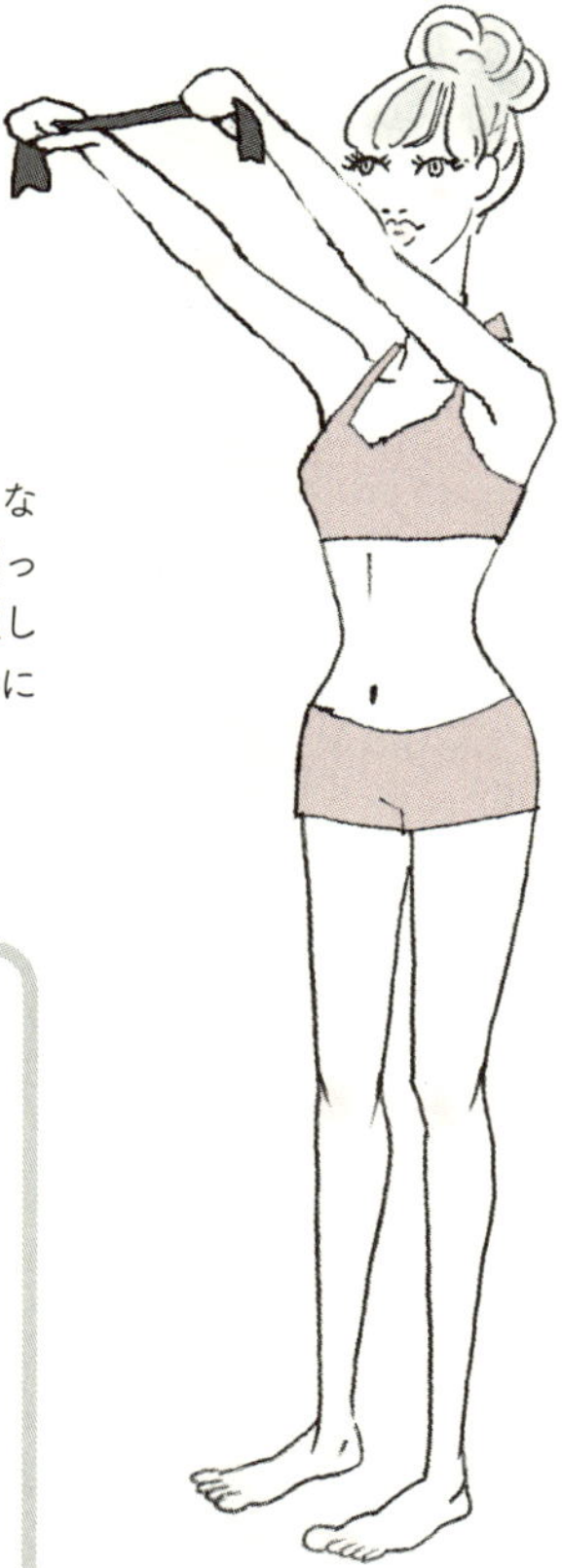

水平に保てないのは、身体に左右差がある証拠

## 体幹トレーニング（プランク）

お腹まわりに効果的なエクササイズです。腹横筋はもちろん、腹直筋、腹斜筋など体幹が鍛えられ、姿勢も良くなります。

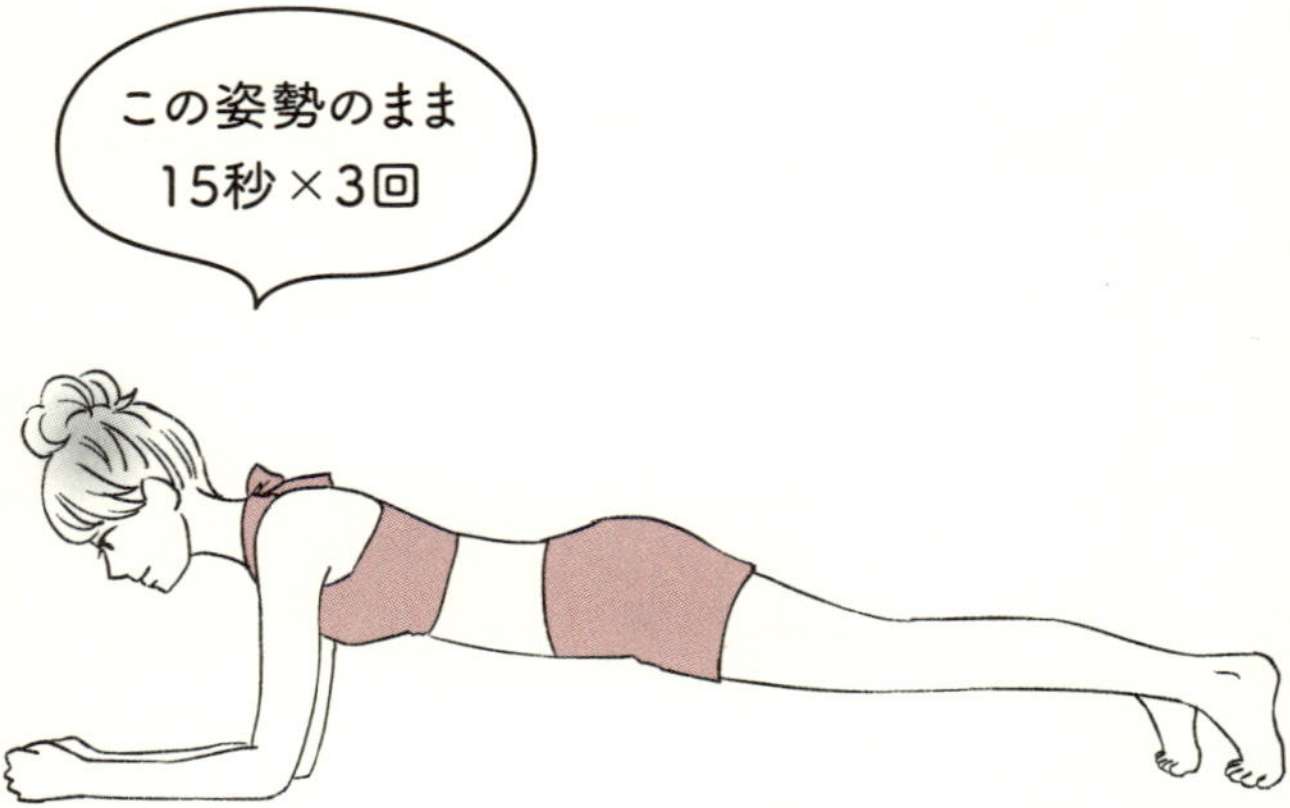


## 腹筋を意識してポーズをキープ

うつ伏せでヒジを曲げます。このとき、肩の下にヒジがくるようにします。脚は腰幅に開きます。息を吸って吐きながら、腰を浮かせカラダが一直線になるように15秒キープします。3セット行います。

POINT

## 身体は一直線に!

身体は一直線になるように意識しましょう。フォームがマスターできたら、P48の腹横筋ブレスでチャレンジしてみましょう。吸って吐いて、お腹を凹ませたまま10秒キープ。できる人はキープ時間を15秒～30秒まで伸ばしてみましょう。

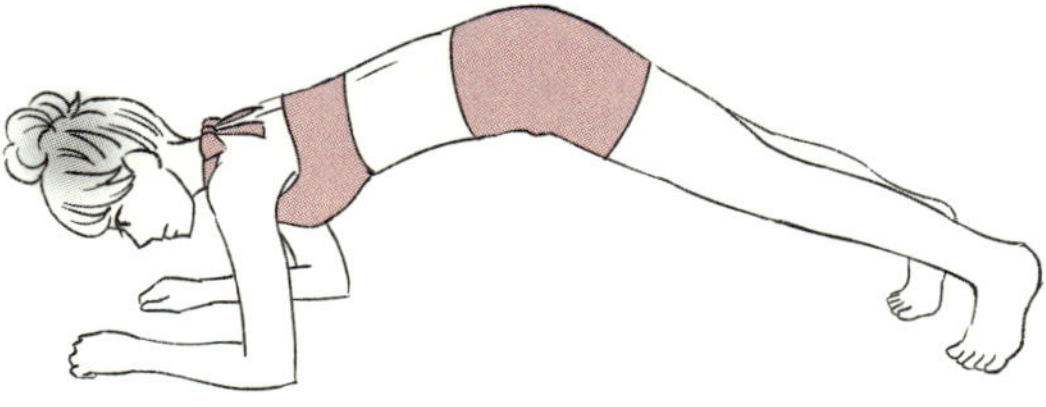

NG!

お腹が下がったり、逆におしりが上にあがってしまいがち。背中から足先までが1本の枝(プランク)になるように意識しましょう。

## わき肉つぶし①

呼吸を意識しながらウエストを動かす、エクササイズです。
腰と肩から腕を動かして、腹横筋と腹斜筋が鍛えられます。

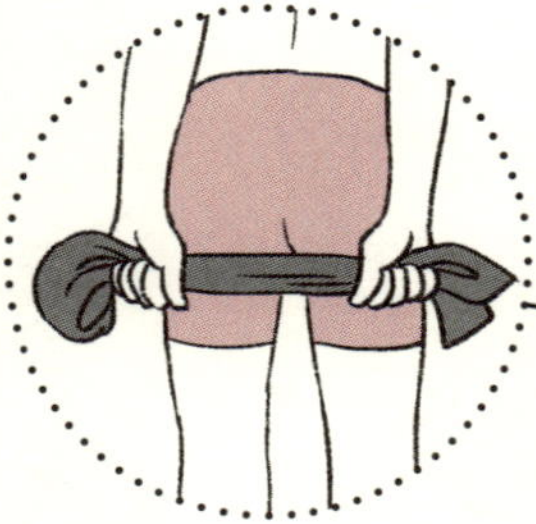

タオルは握りこぶし二つ分くらいの間隔をあけて持ちます。タオルを持たずに手を組んでもOK

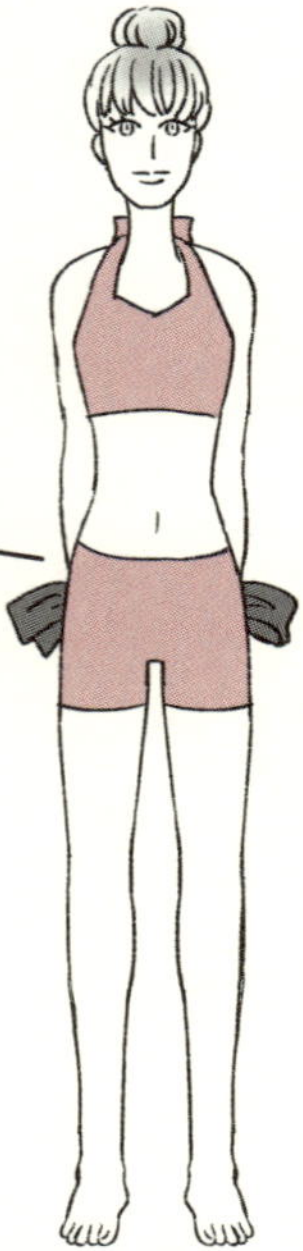

### 1 基本姿勢をとる

後ろ手にタオルを持って、肩をまっすぐにして、足は腰幅で立ちます。

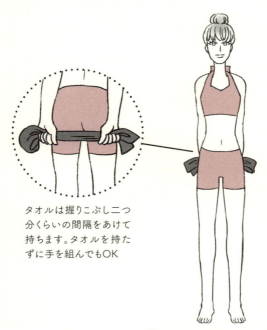

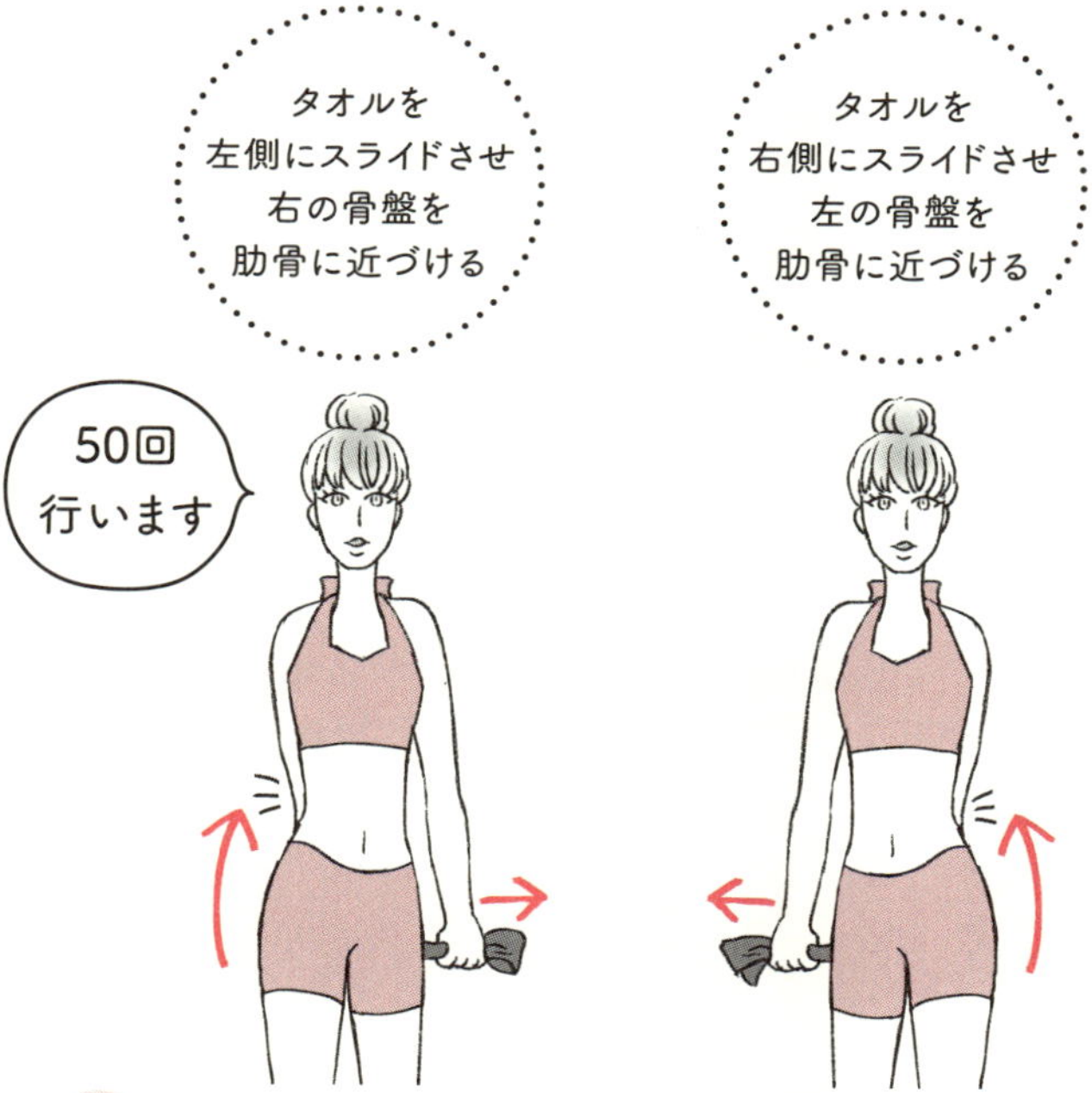
タオルを
左側にスライドさせ
右の骨盤を
肋骨に近づける
タオルを
右側にスライドさせ
左の骨盤を
肋骨に近づける
50回
行います

## 2 骨盤を動かし、タオルをスライド

タオルをスライドさせたときは反対側の骨盤を動かす。フッフッと腹式呼吸を意識しながら、リズムよく動かしましょう。最初はゆっくり、慣れてきたらスピードを上げてみましょう。

### POINT

### 肩のラインは1直線をキープする事

タオルをスライドさせたとき、肩が上がったり下がったりしないように注意!

## お腹伸ばし足踏みウォーキング

腹式呼吸と足踏みで、腹横筋・腹直筋が鍛えられます

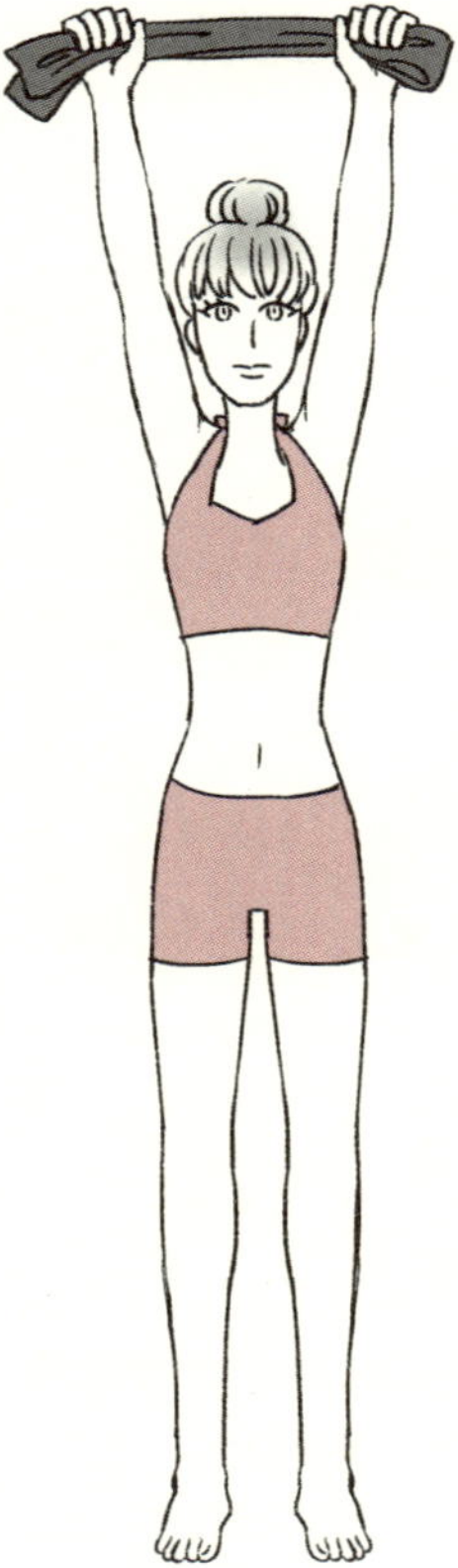

1

### 基本姿勢のまま手を上に

脚を腰幅に開いて、タオルを肩幅に持って真上に上げます。

50回
行います

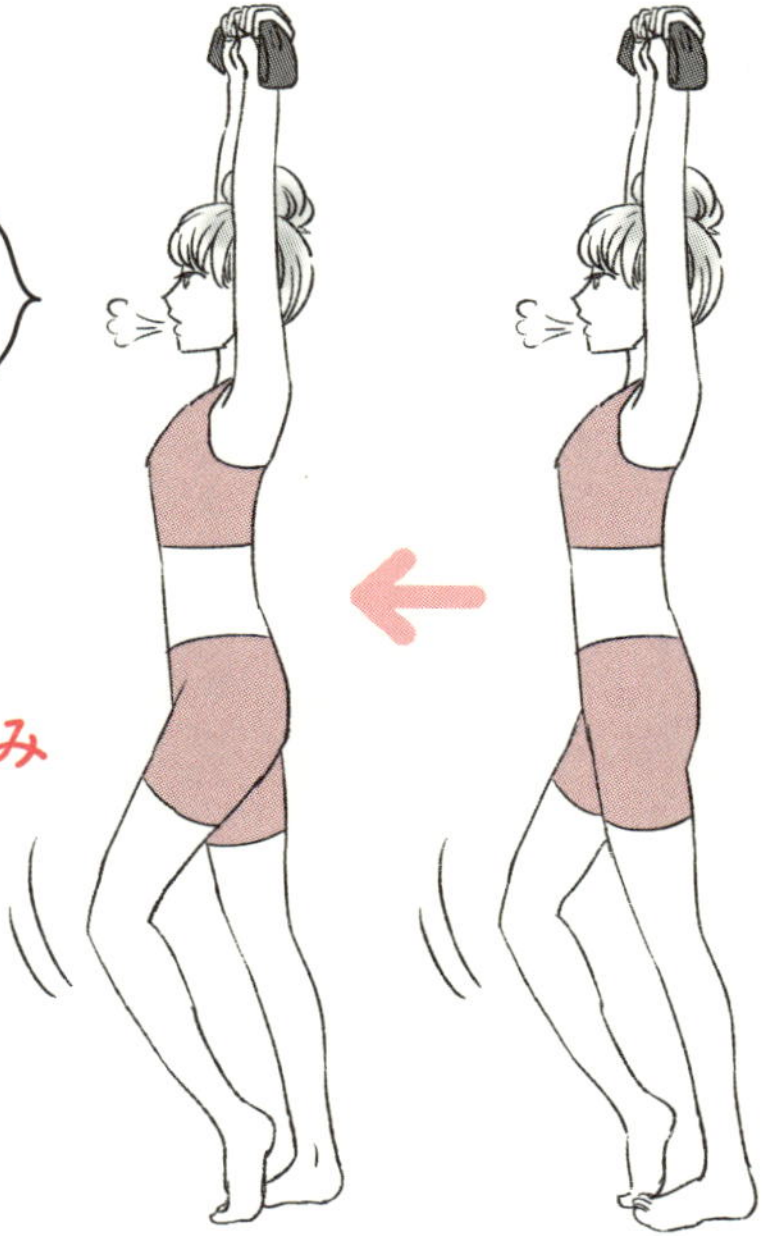

## 2

## つま先を床につけたまま足踏み

つま先を床につけたままかかとを上げて膝を曲げ、足踏みをします。フッフッと腹式呼吸をしながら、リズムよく足踏みしましょう。

### POINT

### タオルの位置が下がらないようにキープ

このとき、床とタオルが平行になっていること。

＊肩に痛みを感じる人は無理しない範囲で行ってください

### できる人は強度を上げて… ★★★

スピードを上げてフッフッフッフッ！と
テンポよく足踏みをしましょう。脂肪燃焼にもGood！

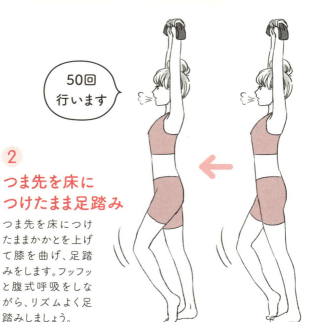

歩き方も意識して

# 正しいウォーキングが、くびれ作りを加速させます！

美しさと健康を手に入れたかったら、ウォーキングをしない手はありません！

ウォーキングは有酸素運動なので、脂肪を燃焼しやすく、続けていれば絶対に痩せます。エクササイズとして正しく歩けば、必ずくびれも増してきます。

そのほか、全身の血流量がアップするので肌も透明感が増してツヤツヤになる。リンパの流れもよくなるので、むくみや老廃物の滞りが改善されて見た目がスッキリしてくる。免疫力もアップする。筋肉量を増やしながら脂肪を落とせるので、基礎代謝が上がって前と同じだけ食べていても太りにくい身体になる…、といいことづくめ！

息が上がって無酸素運動になるランニングよりも、私はウォーキングをオススメしたいのです。それに、ケガも少ないし、わざわざ着替えなくてもどこでもできる。お金もかからないから、誰でも習慣化できます。

「今日はエクササイズができなかった～」という日には、お腹まわりの筋肉を意識して歩くだけでも全然違います。

歩くという日常の動作を、エクササイズに取り入れない手はないと思うのです。チェックテストで、Dの生活習慣見直しタイプになった人はとくにそう。

何をするにも自分の意識次第。美の貯金を積み上げていくには、こうした日常動作を何げない準備体操として積み重ねていくことが美への近道なのです。

**正しくウォーキングをすると……**

- 腹式呼吸で腹横筋が鍛えられる。
- 肩甲骨と骨盤の運動でねじり動作が増し、腹斜筋が刺激される。
- 上半身を引き上げることで、腹直筋が引き締まる。
- 骨盤が動いて、お腹まわりの血行がよくなりむくみがとれる。
- 筋肉量が増え、基礎代謝がアップしてやせ体質になる。

## ヤセるウォーキングの基本

# 肩甲骨を引き寄せ、
# 腕をしっかり振って歩く
# 深い呼吸を合わせるのを忘れずに

48ページでマスターした腹横筋ブレスで歩きます。
はじめは普通のウォーキング、
次に呼吸ウォーキングを5セット→次に普通のウォーキング。
これを繰り返します。
慣れてきたらお腹をキープする時間を長くします。
30秒程度キープできるようになれば上級者！

POINT

## 肩甲骨と骨盤の連動がポイント！

歩くというと下半身に意識が向きがちですが、実はポイントになるのは肩甲骨。腕をしっかりと後ろに引いて肩甲骨を動かすと、骨盤が連動。骨盤が自然に動くので、脚が前に出やすくなります。

## 1 基本姿勢をとります（P48）

背筋を伸ばし、腹筋で肋骨を引き締めます。目線もぐらつかないようにしっかりと前を向いて。

### POINT

### 歩幅は「肩幅よりやや広め」が目安。

歩幅はなるべく広く。<身長-100cm>が歩幅の目安ともいわれますが、これよりも少し広い歩幅で歩くのが理想です。自分の肩幅よりやや広めを意識すると良いでしょう。

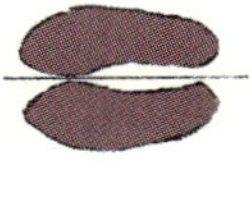

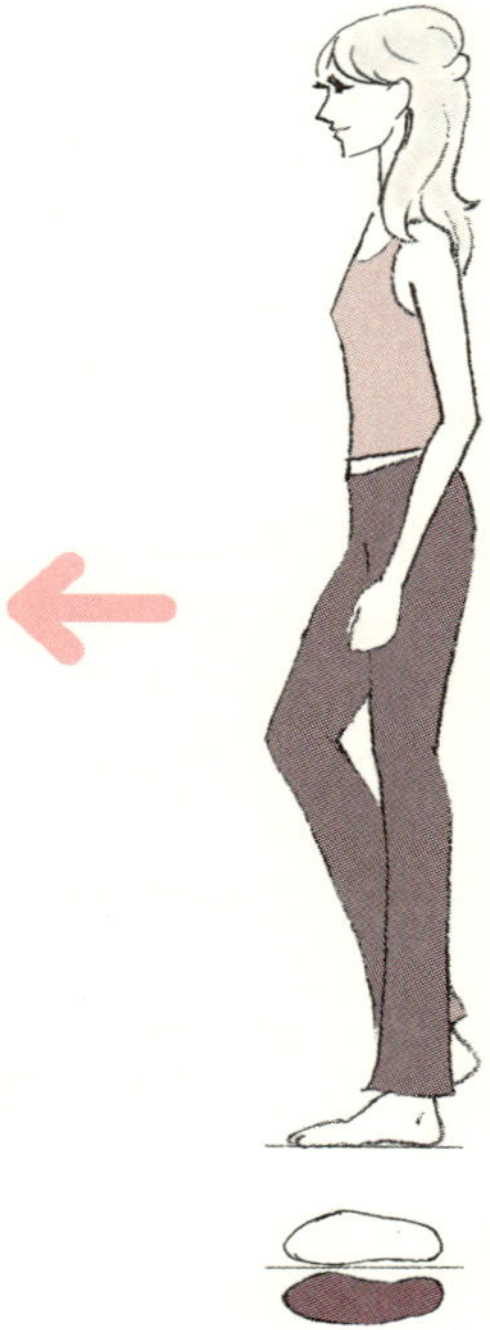

2

## 脚の付け根から前に踏み出します。

1本の線を挟むように、つま先とヒザを正面に向けまっすぐ前に踏み出します。内ももを意識して左右のヒザを引き寄せるように。

3

## カカトから着地します。

ドタっと着地するのではなく、腹筋で上半身を引き上げたまま、カカトから着地するのがポイント。

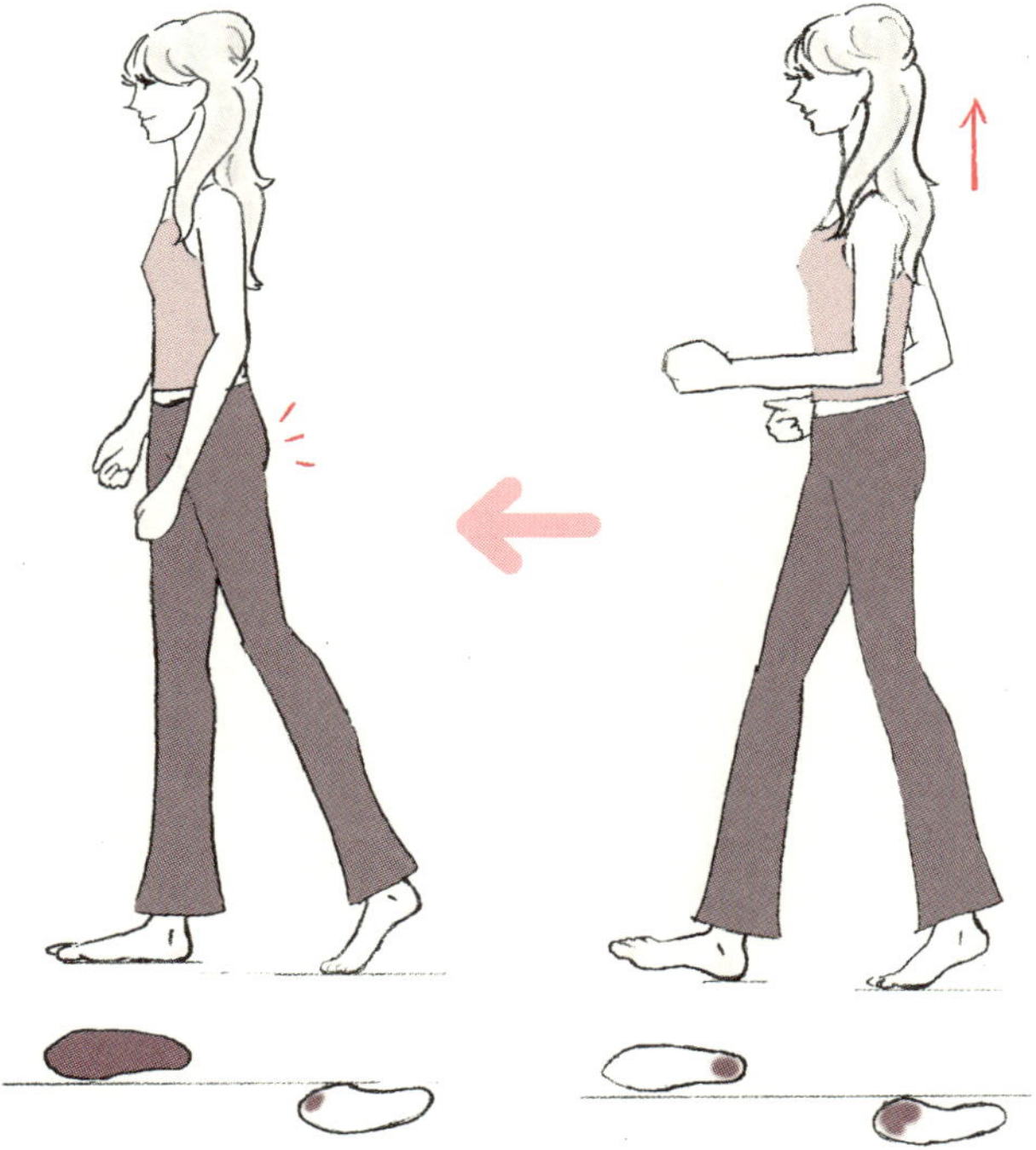

4

## 後ろ脚を蹴り出します。

蹴り出すときは、親指と人差し指の付け根で押し出すようにしながら、脚の内側の筋肉を意識します。カカトとつま先の2点で上半身を支えるイメージ。

5

## 後ろ脚で身体を前へ押し出します。

押し出すときにヒップの筋肉を意識して、重心を前脚へ移します。前脚に体重を乗せたら 2 から同じように。

# 正しい姿勢だけじゃつまらない！女性らしいくびれを演出

姿勢＝佇まい。そこには、その人の生きる姿勢や考え方などが現れるものです。

人間は、常に静止しているわけではなく、基本は動いているもの。ですから、スタイルがよくて見た目は美しい女性が、歩き出したらガッカリ…なんてこともあるのです。どんなにスタイルがよくても、動いているときの姿が美しくなければ台無しです。

つまり、姿勢やしぐさをどう演出するかで、美人度は変わってくるのです。

この本を読んでくださっているみなさんには、ただ「ウエストが細いだけの人」ではなく、日常の動作でも、キレイなボディラインを演出できる人でいてほしい！

美人に見えるしぐさのポイントは、ボディラインの魅せ方にあります。最も印象を左右するのが、ウエストのくびれで描くS字ライン。

実は、まっすぐな正しい姿勢って健康にはよくても、それだけだと色気を感じないのです。その人の人となりを魅力的に演出するには、姿勢をちょっと崩すことも必要。正しすぎる姿勢はつまらないのです。

よく、「スキのない女性はモテない」といわれますが、それは身体にもいえること。モテる人の身体は、筋肉もしなやかでちゃんと関節にスキがあるのです。

だからといって、姿勢を崩してもだらしない感じがしないのは、全部の力を抜くわけでなく、抜くところと入れるところのメリハリが意識できているから。

魅せるポーズができるモデルさんと一般の人の違いはそこにあります。セクシーで格好いいポーズは、土台が整ったしなやかで女性らしい身体でないとできないのです。

身体が硬くて、骨格や筋肉の土台が崩れている人が無理にねじろうとしても、残念ながら美しさよりも不自然な印象を与えてしまいます。

くびれ美人を目指すなら、基本姿勢を踏まえたうえで、それをいかに崩して応用していくかもマスターしておきたいものです。身体の使い方をほんのちょっと意識すれば、女性らしい印象を与えるだけでなく、くびれのエクササイズ効果も期待できて一石二鳥。普段から日常動作を意識して、くびれ美人に磨きをかけましょう！

やっぱり、伸ばしてひねる！

## 〝だらしない〟と〝セクシー〟の境界線は、軸があるかどうか

耳、肩、ヒジ、骨盤のうち、2点以上タテのライン上に揃っていれば、姿勢を崩してもだらしなく見えません。モデルさんが魅せる決めポーズって、たいていこの法則に当てはまります。基本はまず、姿勢を伸ばすことから！

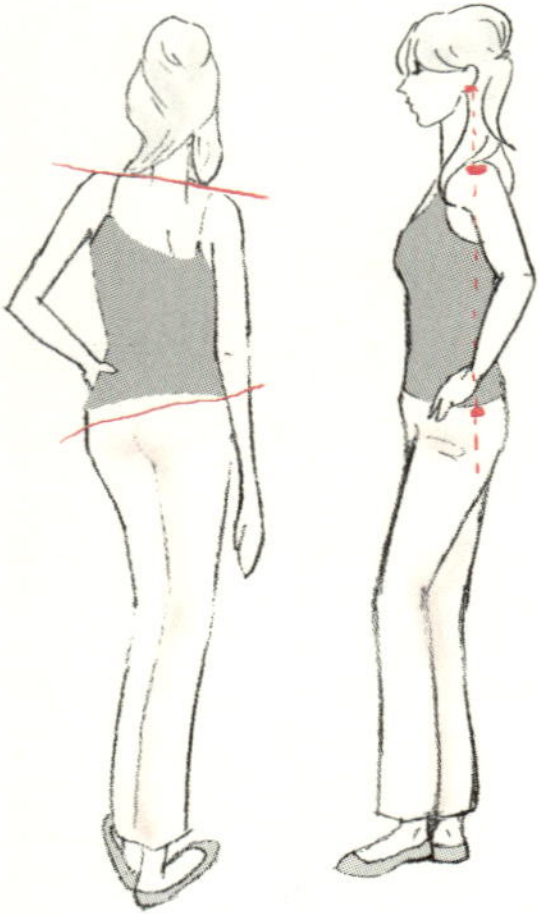

### 立ち姿

タテのラインが2点以上揃って姿勢が伸びていれば、休めの姿勢で上体を斜めにねじって片足で重心をとってもだらしなく見えません。S字ラインが強調されてエレガントな印象に。

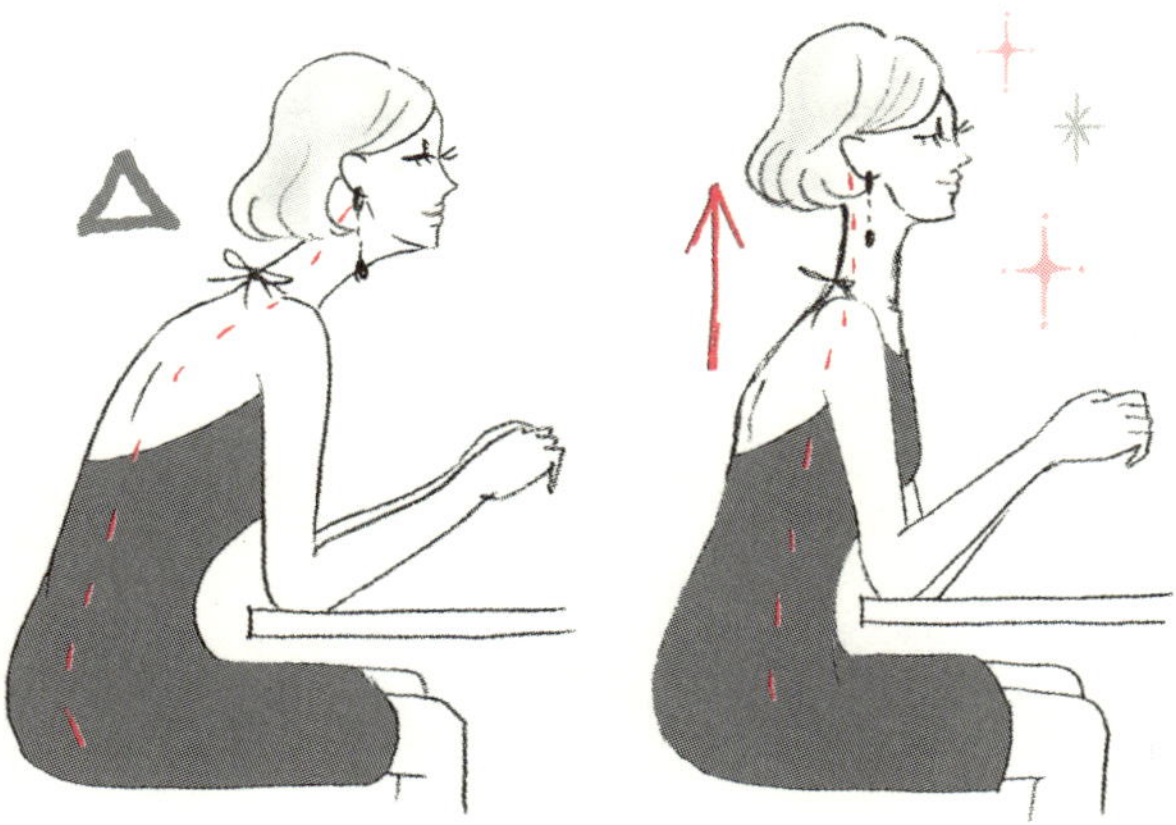


## ヒジをついても

背筋が伸びていれば（右）、ヒジをついてもご覧の通り。座るときは、脚を組んでも身体をねじっても、骨盤が立っていればだらしなく見えません。

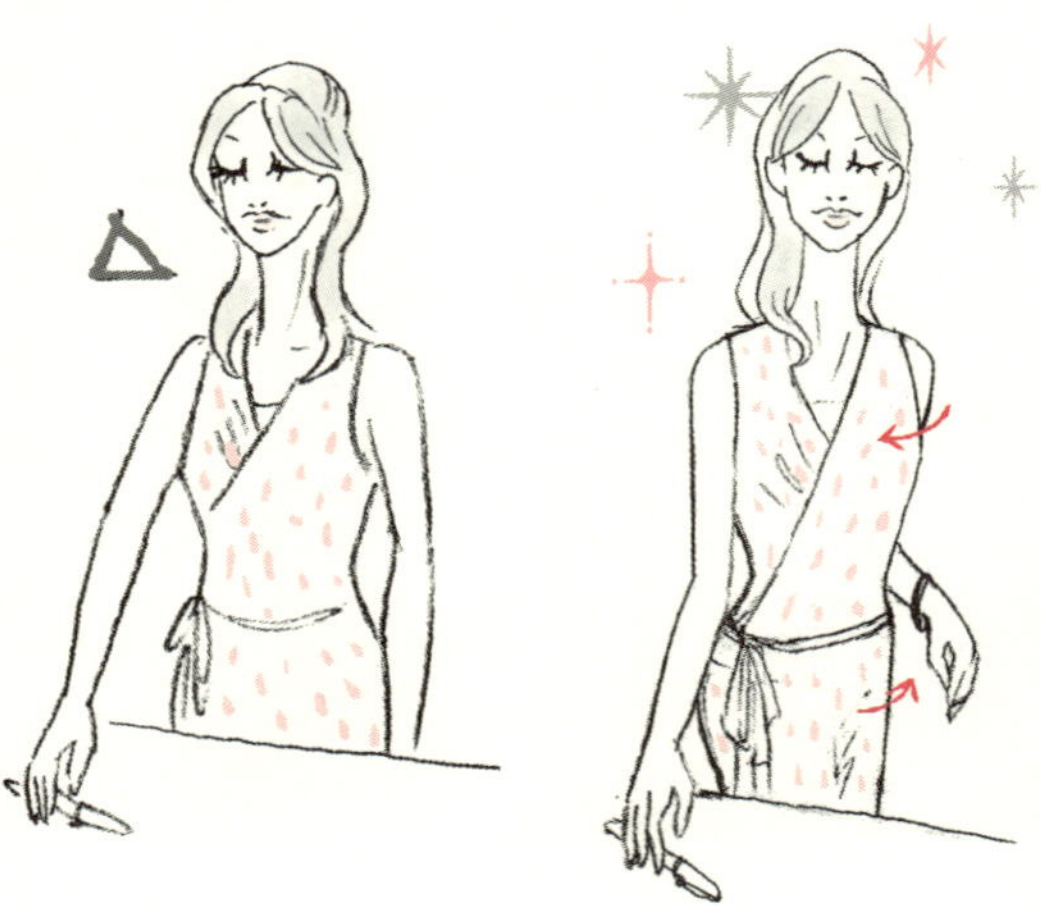

## 物を取る、渡す

腰と上半身をねじってウエストにひねりを加えると（右）、正面から（左）よりも女性らしい印象に。どんな動作でも基本的に、脇は閉じてヒジをなるべく身体から離さないのが美人しぐさのポイント。手だけで動作を済ませようとせず、（身体ごと）腰から物に近づいていく感じ。

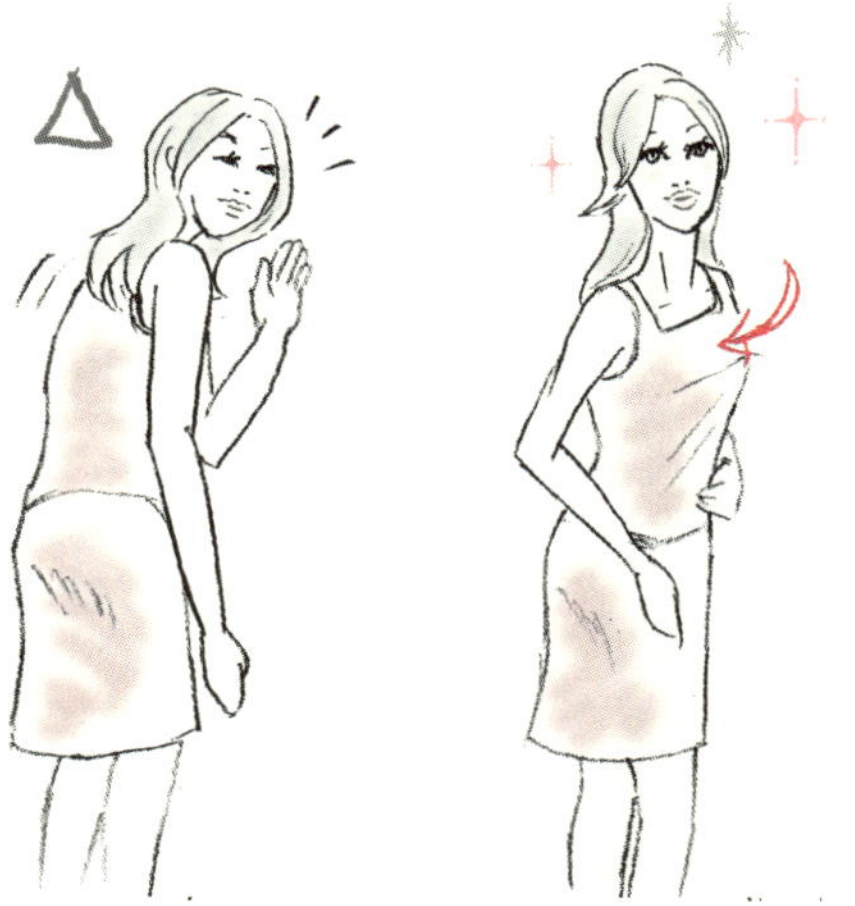

## 振り向くとき

首だけで振り向くと（左）、見た目にだらしないだけでなく、相手に対するぞんざいな気持ちがそのまま表れているといえます。背筋を伸ばしてウエストからひねる（右）と見た目に美しく、上半身をひねることで、ウエストの筋肉を使うのでくびれに効果的。

## くびれに効く歩き方

ここで紹介する歩き方は、身体に負荷を与えるので、長距離の歩行には向きません。公園の一角や室内などで集中して行うエクササイズの1つとして取り組んでみてください。

### つま先歩き

腰に手をあて骨盤を固定したままつま先立ちで歩くと、お腹をタテに走る腹直筋を意識したトレーニングに。綱渡りをするようなイメージで、足を一直線上に踏み出していきます。

## ひねり歩き

一歩踏み出すごとにウエストをひねって両手でヒップにタッチ！
顔も後ろを向くくらいしっかりねじれば、腹斜筋が刺激されます。
右脚を出したら右にねじってタッチ！

## ウエストサイズの測り方

お腹の一番くびれているところで測りましょう。おへその位置でもよいのですが、エクササイズをすると、たいていの人がおへその位置が上がってきます。脂肪が減って筋肉が引き締まってくると、おヘソの形まで変わってくるんですよ。

あと、生理中は身体がむくんでしまうのは仕方ありません。くびれ日記には、メモ欄に体重や食事の量や、エクササイズの内容、体調の変化なども記録して、自分の体調を把握するのに役立ててください。自分の身体に向き合う時間を作って、愛しのくびれちゃんに愛情を注いであげてくださいね。

# Chapter 3

## ゆがみ、ずん胴、ぽっこりタイプ…、
## 自分だけのひっぱりダイエット

# A タイプ ゆがみさんエクササイズ

ゆがみは
不健康のもと!

このメニューは骨格のゆがみを正しいポジションに整えるエクササイズが基本です。エクササイズをする中で、「右側だとラクにできるのに、左側だとやりにくい…」と感じるときは身体がゆがんでいる証拠。そんなときは、左右なるべく同じ感覚でできるようになるまで、少しずつほぐしていきましょう。

全身を鏡に映してエクササイズをすると、床と平行であるべきタオルが片方だけ上がっていたりと、左右の偏りを自分で見て確認することができます。自分ではできているつもりでも、人に確認してもらうと斜めになっていてできていないということもよくあります。ときどき人にチェックしてもらうのもいいですね。

また、脚を組んだり、カバンを片側だけで持つなど、日常動作のクセも、身体のゆがみにつながります。

せっかくエクササイズをするんだから、右手でカバンを持ったら左手に持ち替えるなど、普段の生活でも、左右のバランスを整えるよう身体の使い方を意識しましょう。

＊すべてのストレッチの前に、
基本の「腹横筋ブレス」（p.48）を行います

＼難易度★／

# バンザイ体側伸ばし

身体を左右に倒し、ウエストの左右のゆがみを調整して
キレイなくびれを作ります。

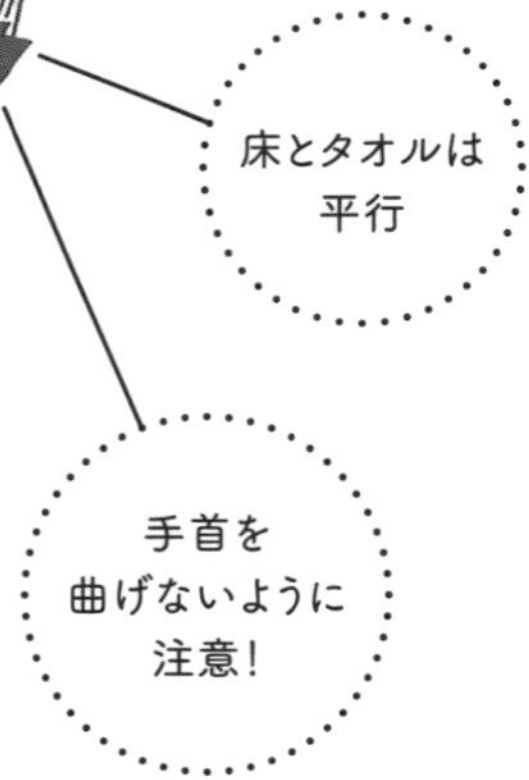
床とタオルは平行
手首を曲げないように注意！

## 1

足を腰幅に開いて立つ。腕を伸ばして両手でタオルを持ちます。このとき、耳の横に腕がくるように。そのままタオルを左右にひっぱります。

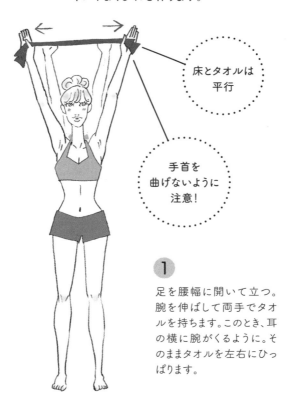

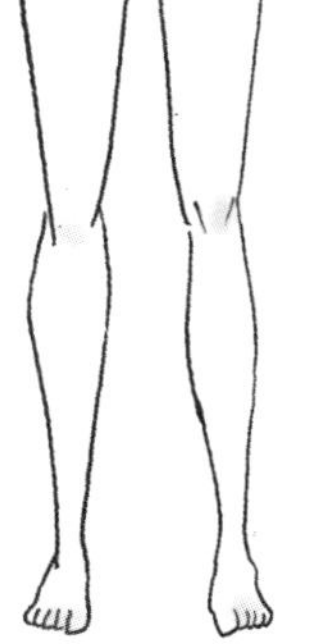

腕だけで倒すのはNG。腕とタオルでできる▽の形をキープしたまま倒す。

## 2

タオルをひっぱったまま、（息を吸って吐きながら）体を右側真横に倒して5秒キープ。

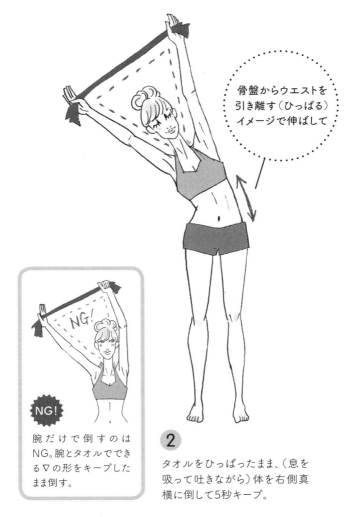

3

▽を維持したまま上体を真っ直ぐに戻して、息を吸います。

4

息を吐きながら、左側も同様に倒して5秒キープ。
右に倒して5秒～戻す、左に倒して5秒～戻す×3回。

＼難易度★／

# ひっぱりサイドベント

肋骨と骨盤で脇のお肉をつぶすイメージで体側を縮め、
身体の左右バランスを整えます。

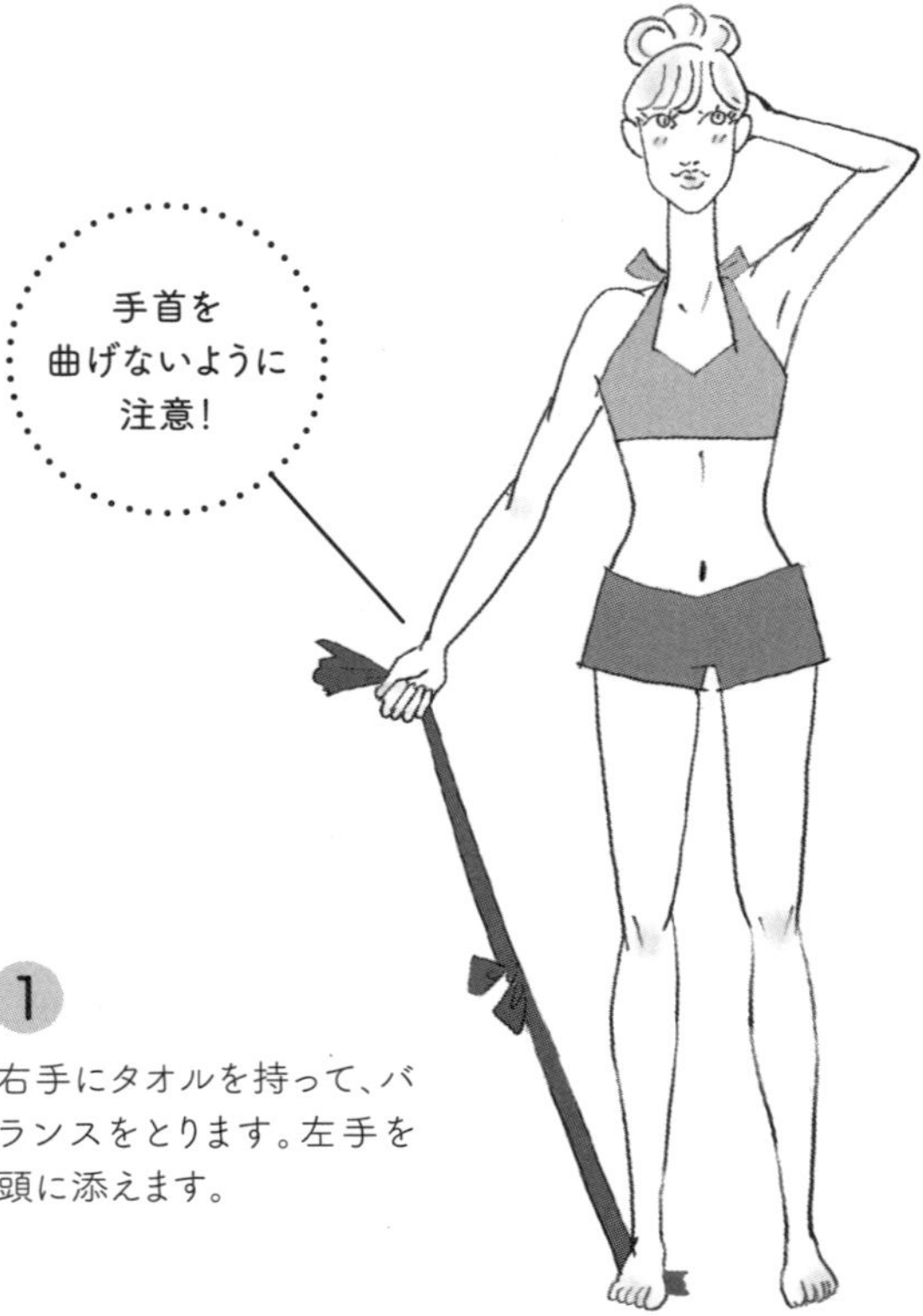


**1**

右手にタオルを持って、バランスをとります。左手を頭に添えます。

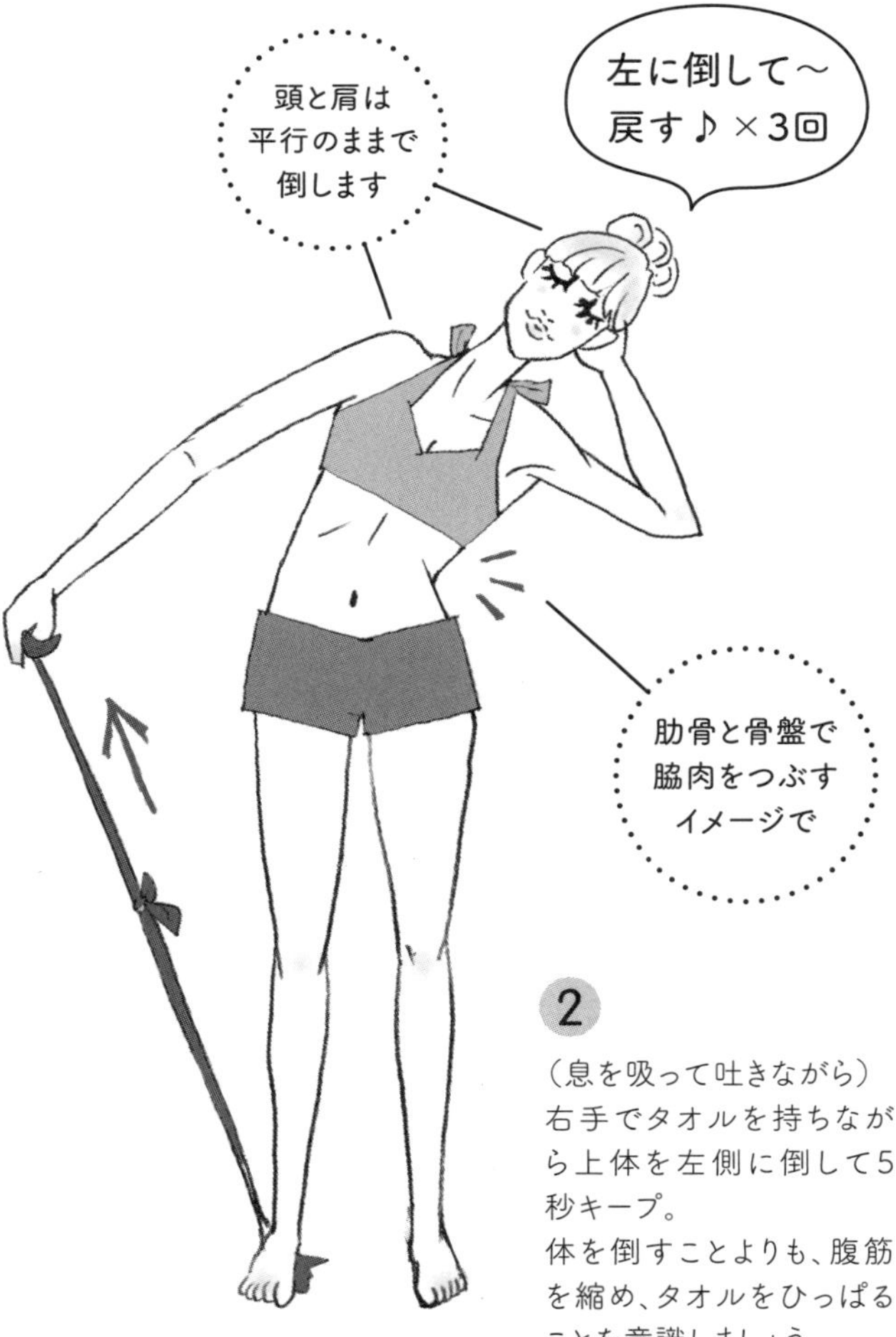


2

（息を吸って吐きながら）右手でタオルを持ちながら上体を左側に倒して5秒キープ。
体を倒すことよりも、腹筋を縮め、タオルをひっぱることを意識しましょう。

3

タオルを左手に持ち替えて反対側も同様に。
上体は前や後ろに傾けずに、真横に倒します。倒すときは呼吸を止めずに。

右に倒して～
戻す♪×3回

＼難易度★★／

# ねじりタッチ

下半身を固定させ、上半身を左右にひっぱりながらねじることにより、ゆがみを整え、均等なくびれを作ります。

タオルの結び目が
背中にくっつかない
ようにします。

1

足を左右に大きく開いて立ちます。つま先は45度外側に向けて。タオルを背中側でたるまないように持ちます。ヒジは伸ばしたまま、タオルと床と平行になるように。

**2**

息を吸って吐きながら、タオルをひっぱったまま右手で左ヒザにタッチ。

右ヒザにタッチ、
左ヒザにタッチ
×3回

3

上体を正面に戻して（①）息を吸ったら、今度は左手で右ヒザにタッチ。

息を吐くときに、
「フ〜っ♪」と吐き出して、
リズミカルにねじりましょう！

## できる人は強度を上げて… ★★★

同じ要領で足首にタッチ。さらにつま先にタッチ。

＼難易度★／

# 開脚ゆらゆら

骨盤に続く脚の内側の筋肉に働きかけることで、
骨盤のゆがみを整えます。

1

開脚で座り、しっかりと骨盤を立てます。つま先とヒザは上を向いていること。両手は両ヒザに添えて。

## 2

体の重みを利用して上体を左右にゆらゆら揺らし、股関節をゆるめます。

**NG!**

骨盤を立てて背筋を伸ばすこと。腕だけで倒すのはNG。

＼難易度★★★／

# 開脚で体側伸ばし

脚を引っ張り、体側を斜めに引っ張ることで、
骨盤からウエスト左右のゆがみを整え、
美しいくびれを作ります。

1

片方のヒザを曲げます。伸ばしたほうの足の裏にタオルをひっかけ手でギュッと引きます。足裏全体が伸びていることを感じて。

POINT

ヨガなどでもよくあるポーズですが、実はコレ、一般の人にとっては、できたように見えても実際は正しくできていないことが多いのです。タオルを使えば、上体を傾ける正しい軌道が確認できるため、しっかり体側を伸ばすことができます。

ヒジは
伸ばしたまま

ゆっくりと上体を元に戻したら
呼吸を整え、反対側も同様に。
まずは左右1回ずつから。
慣れてきたら最低3回ずつ。

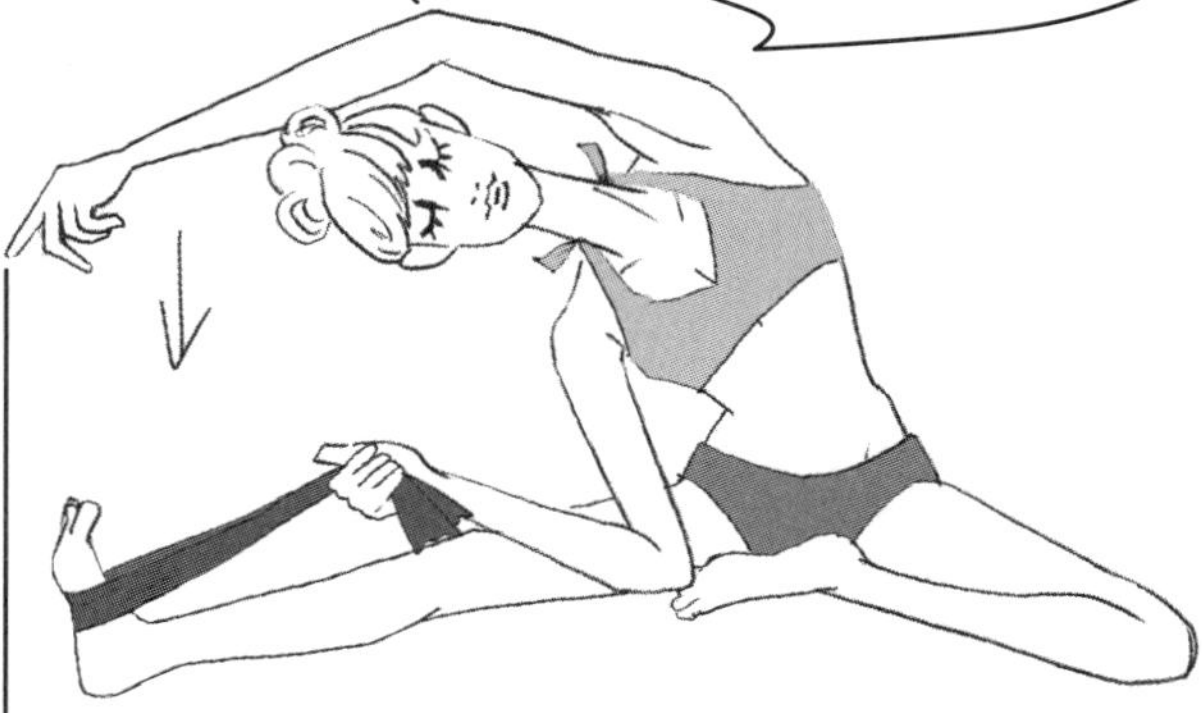

できる人は、
つま先をタッチ
するところまで。

2

息を吸って吐きながら、上体を倒します。タオルの先が身体の後ろを通ってつま先に触れるまで、脇腹が伸びるのを感じて。そのまま5秒キープ。

NG!

身体は「横」に倒すこと。前に倒したり、肩を丸めたりするとウエストに効きません。「肩のライン」をまっすぐにして、横に倒します。

＼難易度★★／

## ヒップウォーク

上半身（腹筋と肩甲骨）と下半身（骨盤）をひっぱって
くびれを作ります。

1

両脚を前に伸ばして骨盤を立てて座ります。脚は腰幅に開き、つま先とヒザは真上に向けます。タオルを背中に渡して両手で持ちます。猫背にならないように背筋をピンと伸ばして！

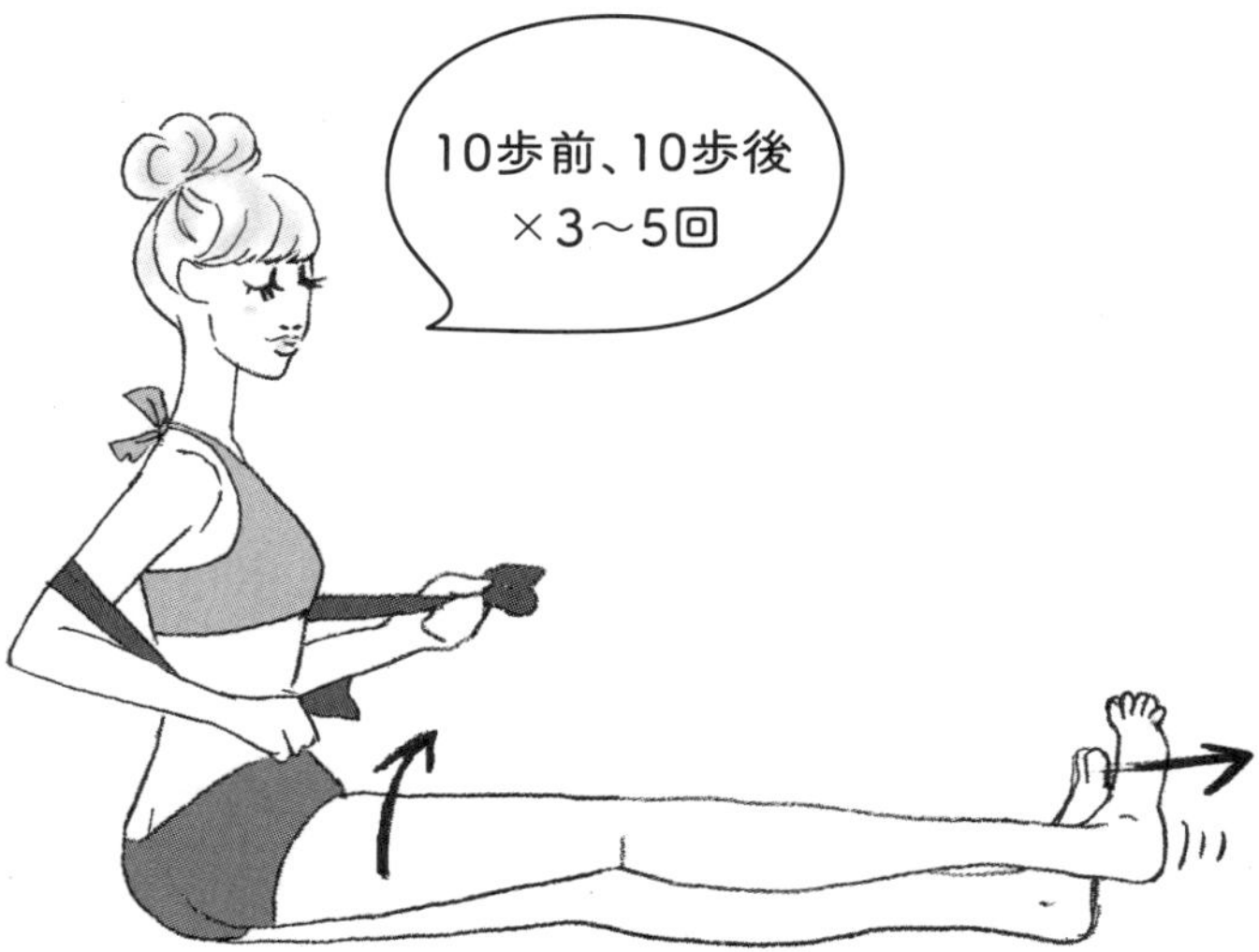


2

ヒジは90度。リズミカルに腕をしっかり振って、ヒザを伸ばしたまま骨盤を左右に引き上げながら10歩前へ進みます。

3

同様に10歩後ろへ戻ります。

POINT

下半身よりも、肩甲骨をしっかり動かしてウエストをツイストさせるのがコツ。骨盤が連動してスムーズに動けます。

＼難易度★／

# 仰向けふみふみ

土台である脚の長さを調整することで、
骨盤からウエストまで、深部のゆがみを整えます。

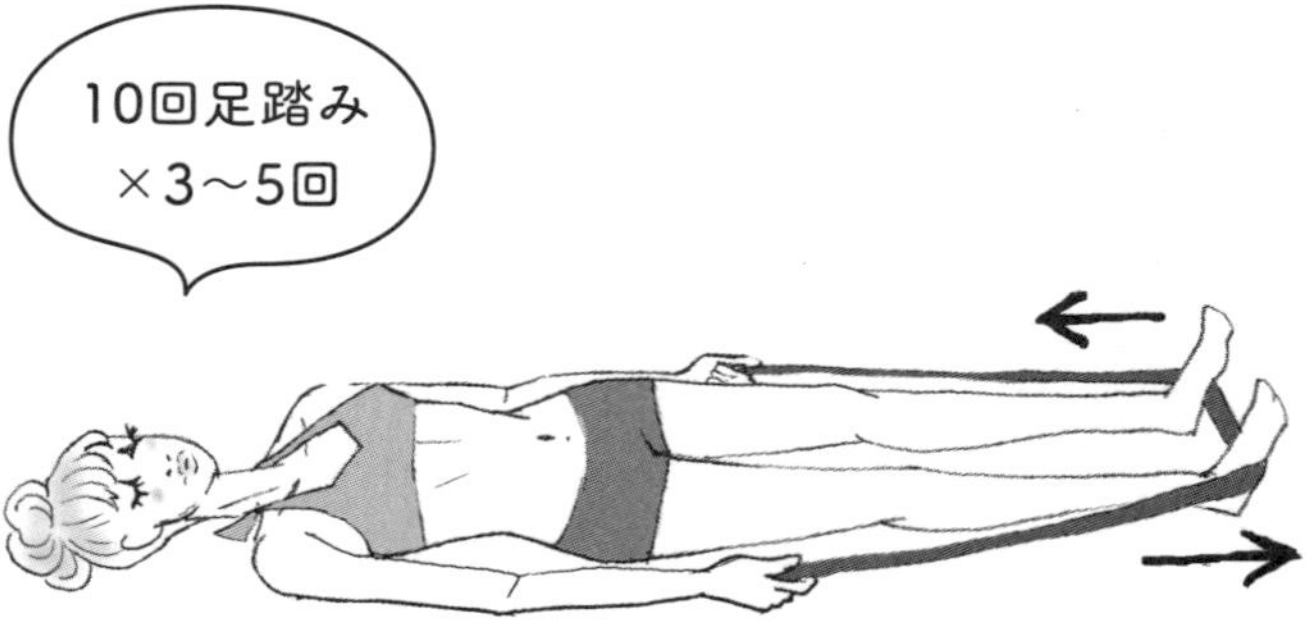


1

脚を腰幅に開き、つま先とヒザは真上に向けます。タオル3枚つなぎ、それを足裏にひっかけて、手を自然に下ろした位置でタオルの両端を持ちます。

足裏でタオルをリズミカルに踏むように押します。始めは小さな動作で10回、次第に骨盤まで揺れるように10回。骨盤をその場でもぞもぞと上下に揺らす感覚で。

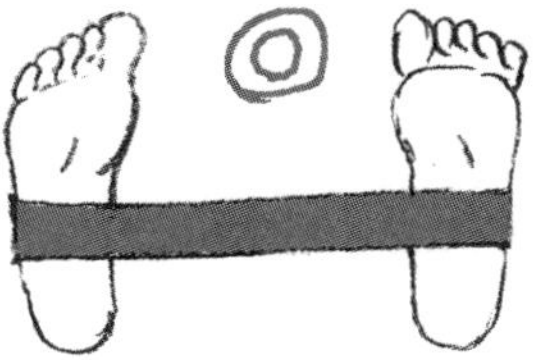

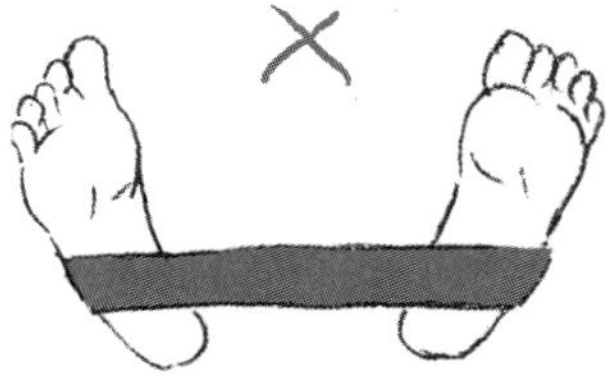

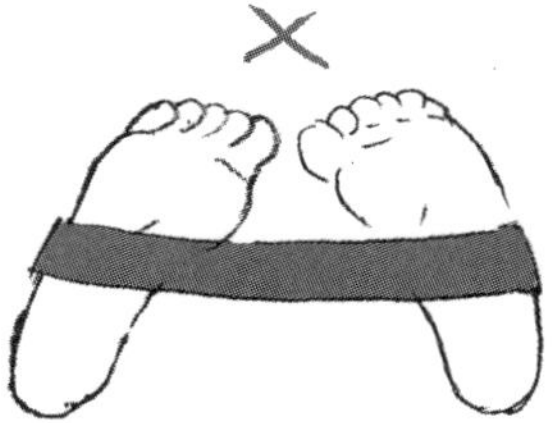

NOTES

タオルがずれる人は、まっすぐ真下に踏み込めていない証拠。つま先とヒザのポジションがずれないように、まっすぐ踏みましょう。呼吸は止めないで、吐きながら踏み込みます。

＼難易度★★／

# 腰上げ体操

骨盤の左右の高さを調整してゆがみをとり、
骨盤からウエストにかけての美しいカーブを強調！

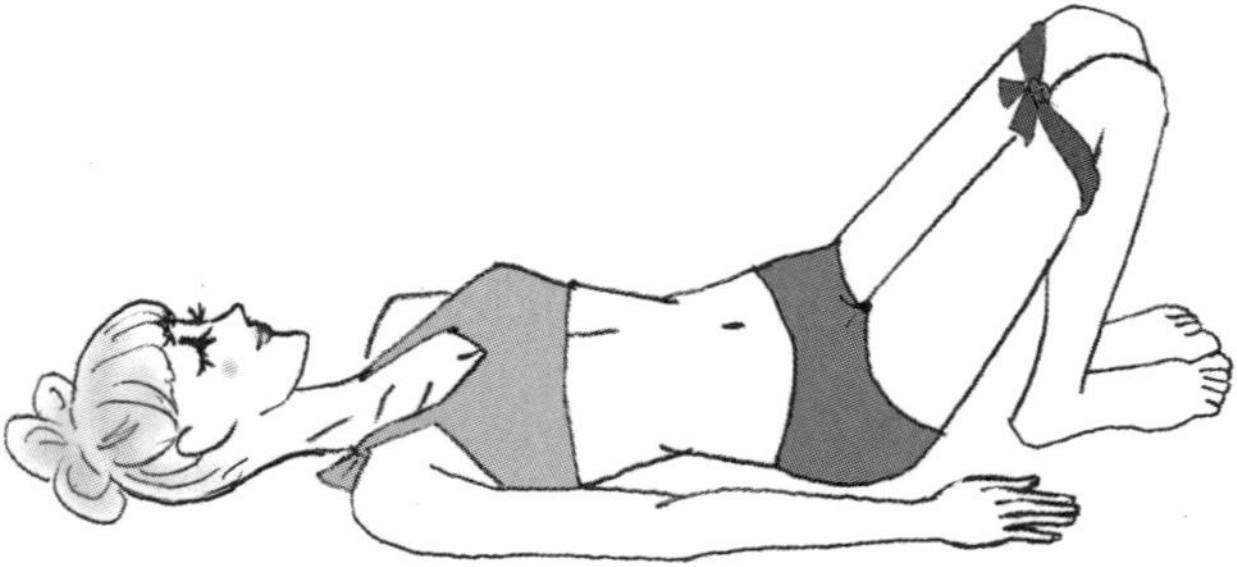

## 1

ヒザの上をタオルで結び、両ヒザが離れないようにします。カカトを引き寄せて、ヒザを曲げます。

2

息を吸って吐きながら、腰を上げたら、そのまま5秒キープ。骨盤が左右均等にまっすぐ上がっていることが大事。

## できる人は強度を上げて… ★★★

余裕のある人は、片脚を一直線に伸ばして5秒キープ。

タオルは脚が開いてしまう人用です。
開かないでできる人は
使用しなくてOK!

## 腹横筋ブレスはヒップアップにも効く！

この本は「くびれウエスト」を目指してがんばっているあなたのために、腹筋、それも腹横筋ブレス（呼吸）を基本としています。だけど、腹横筋ブレスと基本のウォーキングを習慣化していくと、下半身の筋肉も気づかないうちに鍛えられていくのです！「腹筋！　腹筋！」ってがんばっていると、“きれいなおしり”もご褒美としてついてきます！　くびれウエストと、ハート形のおしり、どちらも手にいれましょう！

# B タイプ ずん胴さんエクササイズ

やれば、確実に
くびれるからね！

お腹まわりの筋肉がゆるんでいて、腹筋をあまり使ってこなかったずん胴さんタイプは、腹斜筋や腹直筋をメインに鍛えていきます。

基本的に表層部の筋肉なので、エクササイズは比較的簡単！

ねじったり、伸ばしたり、お腹の筋肉を動かして刺激を与えていけば、日ごろ使っていない分、変化が早く現れることでしょう。

実は、猫背のように、姿勢が悪くて腹筋がぬけている人が多いのがこのタイプ。まずは、普段から姿勢をただすことを意識して生活してください。

姿勢が悪いと、腹筋がゆるんで内臓が圧迫され、内臓の働きも悪くなります。また、血行も悪くなるので、肩こりや冷え性など、健康面でもよくありません。そんなことでは、お肌の調子も悪くなっちゃいますよ！

美しさは、内側からの健康があってこそ。元気でキレイでいるためにも、ラクな方に流されずに、腹を据えて取り組みましょう。

＊すべてのストレッチの前に、
基本の「腹横筋ブレス」（p.48）を行います

＼難易度★／

# 正面パンチ

上半身を左右にひっぱりながらひねって、縮んでいたウエストを刺激して正しいポジションに引き締めましょう！

1

足を広めに開き、つま先とヒザをやや外側に。ヒザをゆるめて立ちます。

脇を締めます。身体の正面（鼻先）を狙って、右手を真っ直ぐ出してパンチ！　と同時に左手を引きます。

左右の手を入れ替えて、
交互に行います。
右パンチ!左パンチ
×10回

パンチするときは、床と腕が常に平行であることを意識して。

**POINT**

骨盤は正面を向けたままが理想。ウエストをひねって、左右にパンチ!

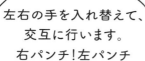

＼難易度★／

# クロスパンチ

ウエストをさらに深くひねって
腹斜筋に響かせるパンチエクササイズ。

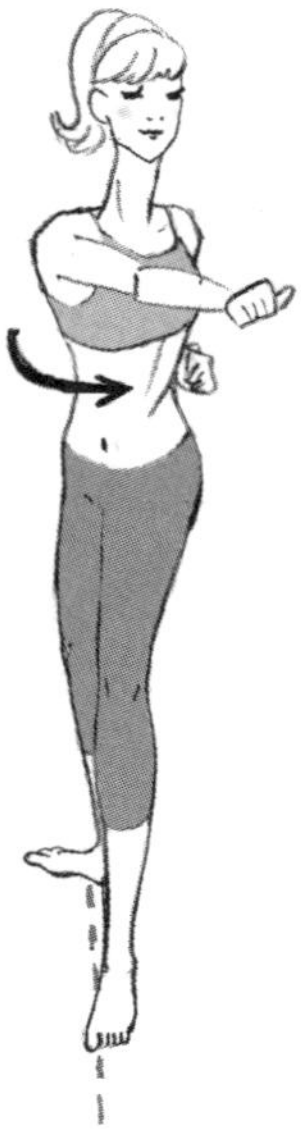

1

正面パンチ（112ページ）の基本姿勢のまま、カカトを基点にして左側を向きます。左脚を前に踏み出す姿勢になります。

左ヒザのラインを中心線としたら、それを左右の手でタオルするように交互にパンチ。

**2**

姿勢をチェンジして反対側も同じように。

＼難易度★／

# ももタッチ（正面）

脚と骨盤をつなぐ大腰筋を鍛えることで
骨盤と背骨のポジションを整え、くびれにメリハリをプラス！

**1**

脚を腰幅に開き、ヒザとつま先を正面に向けて立ちます。タオルを真上でもち、息を吸って吐きながら左右にひっぱります。

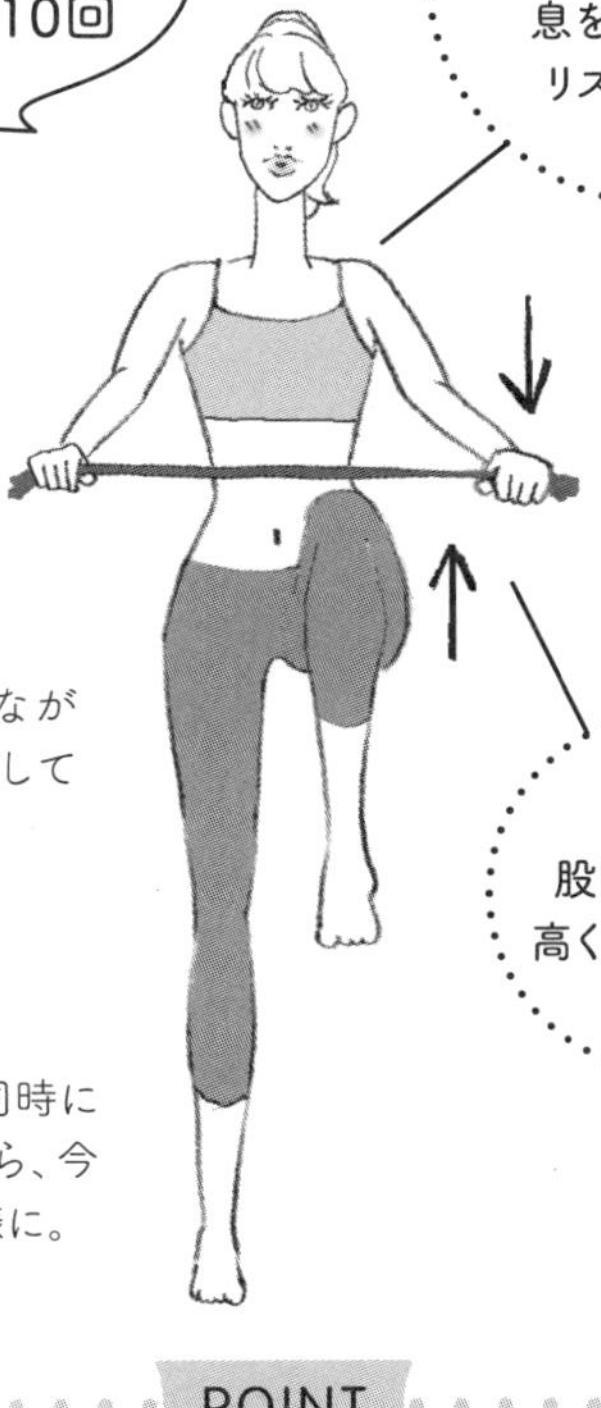
右ももタッチ！
左ももタッチ！
左右交互に10回
背筋は伸ばしたまま。「フ〜っ」と息を吐きながらリズミカルに。
ももは股関節よりも高く引き上げて

## 2

息を吸って吐きながら、タオルを下ろして右ももにタッチ！

## 3

脚を下ろすのと同時にタオルを上げたら、今度は左ももも同様に。

### POINT

腕を伸ばしたまま、タオルをひっぱりながら行います。タオルを上げ下げするときは、常に床と平行をキープ。

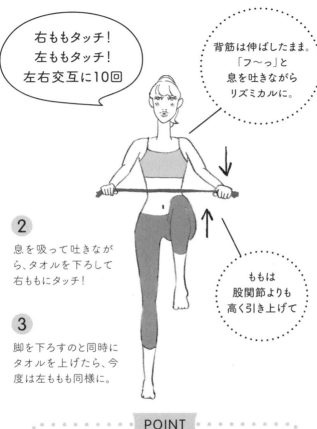

＼難易度★／

# ももタッチ（サイド）

ダイナミックに体をひっぱってねじって、
腰からウエストのインナーマッスルを引き締めます！

**1**

ももタッチ（正面）（P116）の
1の姿勢からスタート。

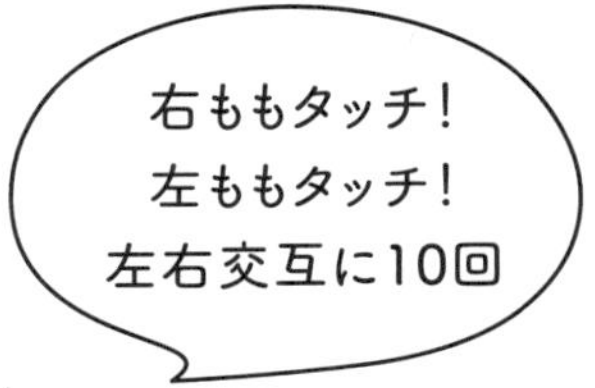
右ももタッチ！
左ももタッチ！
左右交互に10回

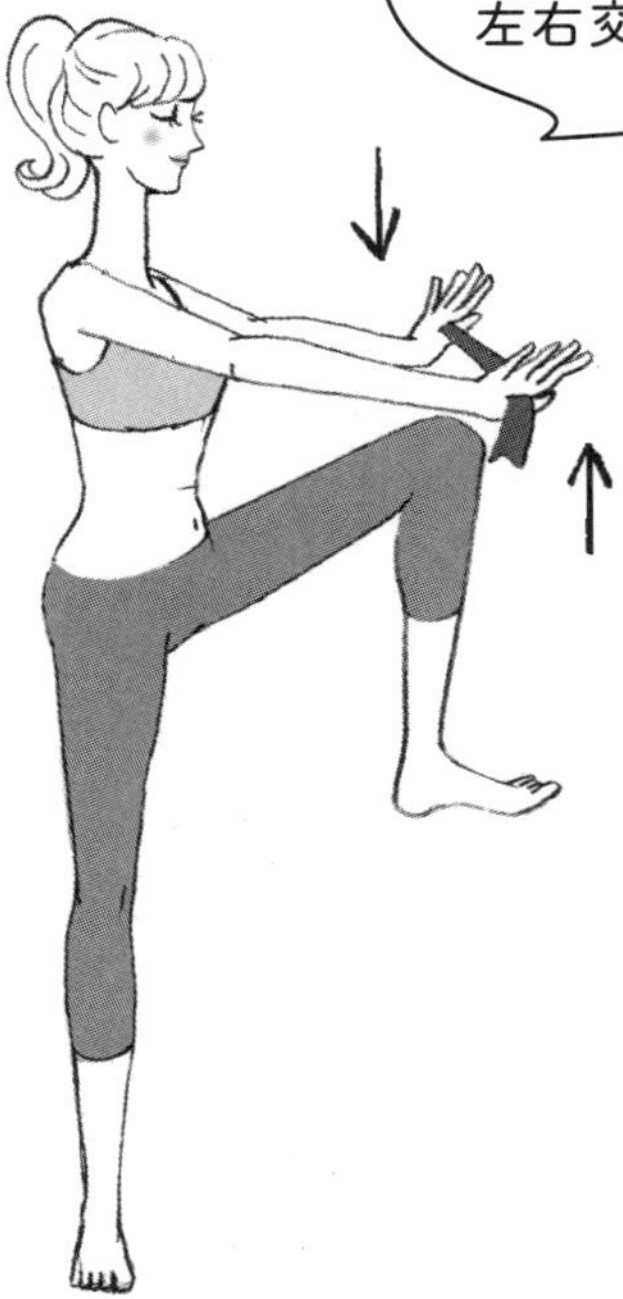

## 2

今度は、ヒザとつま先を外側に向けて、上半身を左側にねじってタッチ。

## 3

体をしっかり正面に向けて、1の姿勢に戻します。腹筋の伸びを感じたら右側も同様にねじってタッチ！

**POINT**

呼吸を止めず、タッチするときに息を吐いてリズミカルに！
1回1回ウエストをひねることを意識して。

＼難易度★／

# Cカーブ

お腹の正面に走るタテの筋肉（腹直筋）を鍛えて、
ウエストラインを引き締めます。

1

ヒザの上をタオルで結び、背筋を伸ばして座ります。両手にタオルを持って左右にひっぱります。ヒザが開かずに座れる人は、タオルで結ばなくてOK。

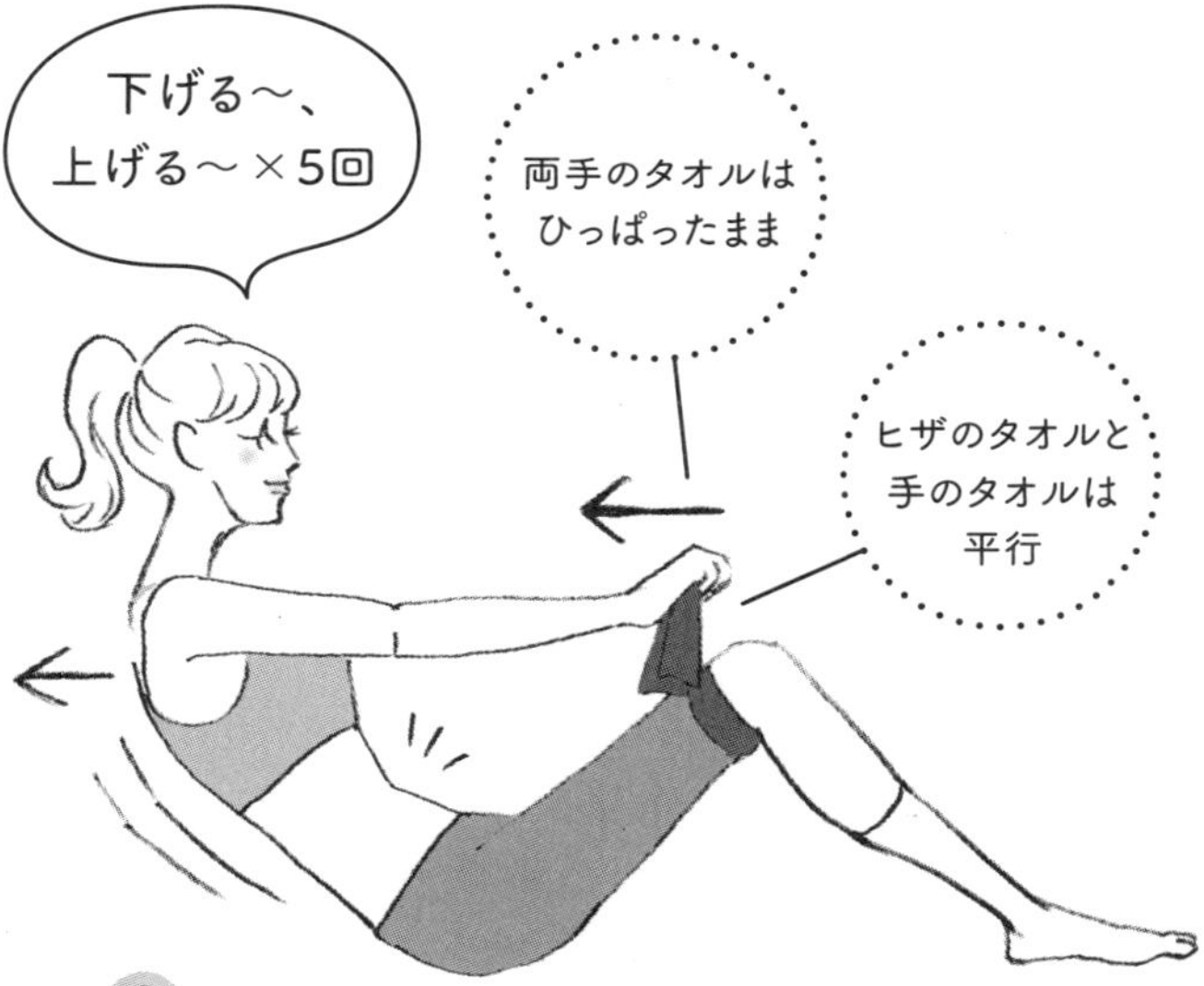


2

息を吸って吐きながら、背中をゆっくりと丸めて5秒キープ

3

息を吸って吐きながら、ゆっくりともとの姿勢に戻します。タオルとタオルの平行をキープしたまま、足が浮かないように～。

**できる人は強度を上げて… ★★★**

背中を床ギリギリまで下げてみて、
腹筋だけで体を引き上げられたらパーフェクト!

＼難易度★★／

## プロペラ

骨盤と肋骨をつなぐ腹斜筋をひっぱって、
カーヴィなくびれを作りましょう。

1

座位の姿勢で2本つないだタオルを背中側でひっぱります。タオルは背中にくっつかないように。

POINT

タオルは必ず床と平行に。ねじったときもタオルは背中につかないのが理想。

2

息を吸って吐きながら、背中を振り返るように上体を右にねじって5秒キープ。ヒザは閉じたままで。1の姿勢に戻したら息を整え、左側も同様にねじります。

＼難易度★★／

# わき肉つぶし②

骨盤から肋骨の脇のラインをひっぱって縮めて、
ムダなぜい肉を撃退します。

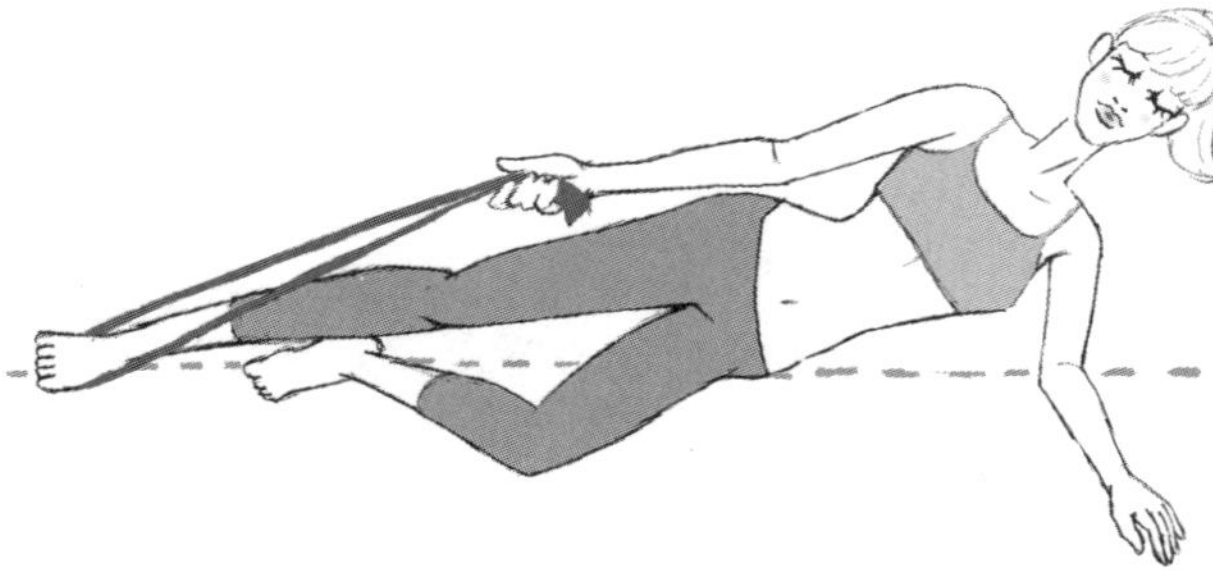

## 1

肩の下に左ヒジをもってきて上体を支えます。左ヒザを曲げて安定させます。骨盤を床に垂直に立てて。右足は体側に沿って真っ直ぐ伸ばします。

右足の裏に3本つないだタオルをかけて、右手でタオルを引きます。

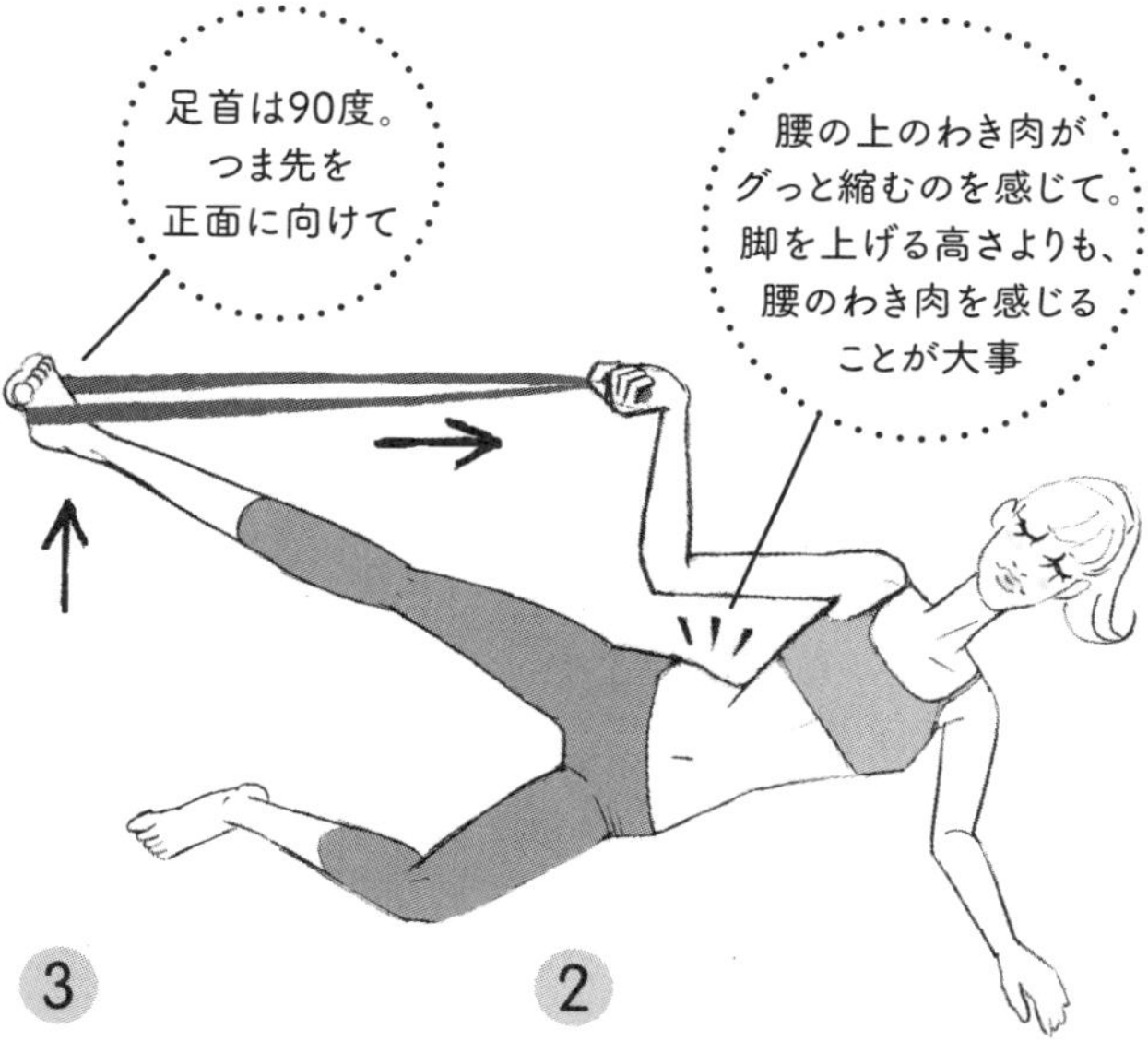


2

息を吸って吐きながら、つま先とヒザを正面に向けたまま右脚をゆっくりと引き上げます。

3

右側を下にして横になり、反対側も同様に。左右10回ずつ。

NG!

つま先の向きや
脚の角度がずれると
わき肉に効かないわよ!

＼難易度★★★／

# 仰向けでウエストひねり

骨盤を整え、腰まわりからアプローチして
身体の深部からくびれに働きかけます。

タオルは
脚が開いてしまう人用です。
開かないでできる人は
使用しなくてOK！

## 1

両ヒザの上をタオルで結び、ヒザを曲げます。胸の前でタオルを左右にひっぱります。
ヒザが開かなくもできる人は、結ばなくてOK。

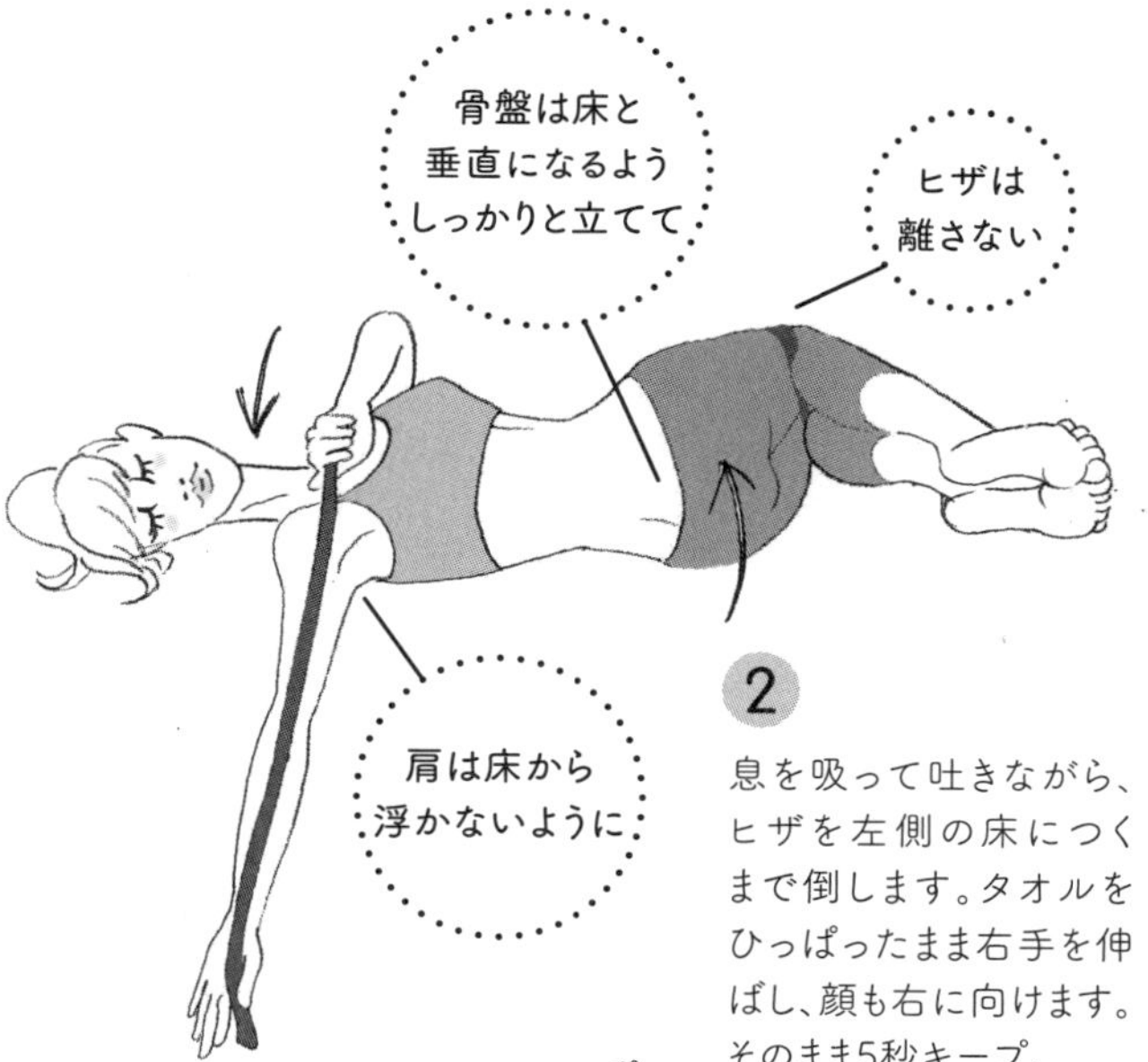
骨盤は床と
垂直になるよう
しっかりと立てて
ヒザは
離さない
肩は床から
浮かないように

## 2

息を吸って吐きながら、ヒザを左側の床につくまで倒します。タオルをひっぱったまま右手を伸ばし、顔も右に向けます。そのまま5秒キープ。

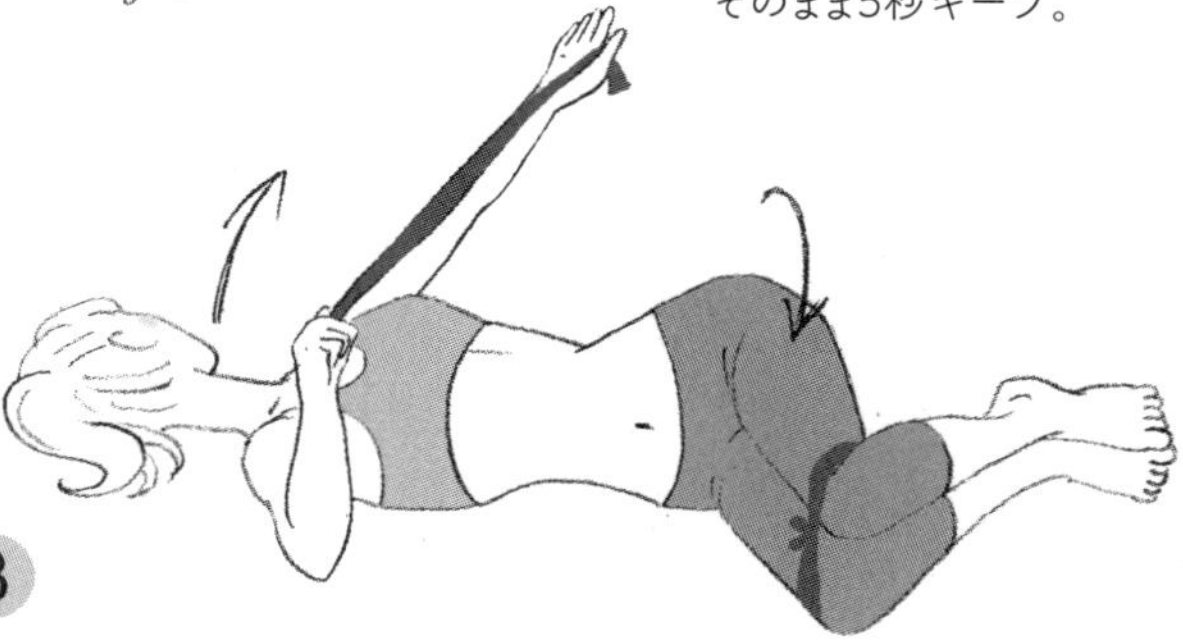

## 3

1の基本姿勢に戻したら、反対側も同様に倒して5秒キープ。左右10回ずつ。

# Cタイプ ぽっこりさんエクササイズ

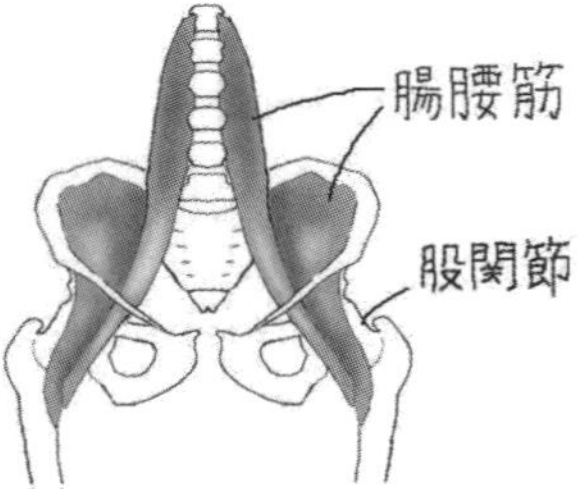


腸腰筋を
鍛えましょう!

太ももから骨盤周辺部につながる骨盤周辺の筋肉（腸腰筋）と、お腹の表層部をタテに走る腹直筋を中心に、下腹部の筋肉に刺激を与えるエクササイズで、ぽっこりお腹を引き締めていきます。

腹直筋は一番鍛えやすいけれど、間違ったやり方でたまに腰を痛める人もいらっしゃるのです。ですから、今回は腰に負担をかけないエクササイズを選びました。また、腸腰筋は足腰を支えるのに欠かせない重要な筋肉なのですが、日常では階段を昇るときくらいしか使われない筋肉。その腸腰筋も、このエクササイズでじっくりと鍛えることができます。

腹筋のエクササイズというと、ワンパターンで飽きるものが多いけれど、今回はタオルを使っているから、身体の余計なところに力を入れずに、楽しくリズミカルに運動できます。

とくに、最後の空中ウォークは、くびれの総仕上げにピッタリ。ダイナミックな動きは、腹筋の隅々まで効きますよ～。

＊すべてのストレッチの前に、
基本の「腹横筋ブレス」（p.48）を行います

＼難易度★／

# 上に伸びて円を描く

骨盤につながっているインナーマッスルを鍛えて、
腰まわりからくびれにアプローチ。

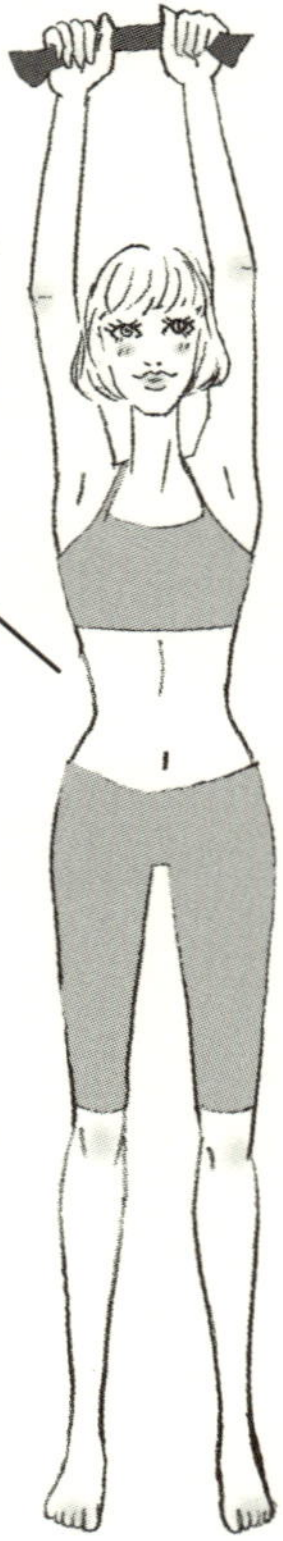

腹筋が
上下に伸びるのを
感じながら
上体を引き上げて

1

足を腰幅に開いて立ちます。つま先とヒザは正面を向くように。頭の上でタオルを短めに持ちます。手首は曲げず、ヒジを伸ばして真っ直ぐに。耳の横まで腕がくるようにします。

骨盤は正面を向けて
固定したまま、お腹から
上だけ動かします。
最初から最後まで
腕は曲げずに、
上体を引き上げて〜!

2

上体を引き上げたまま、頭上のタオルで小さな円を描くようにお腹から上を動かします。体の軸がかすかに揺れるごとに、上下に伸ばした腹筋にビビっと刺激が伝わればOK。

＼難易度★★★／

# スクワットひねり

下半身からのアプローチで下腹部の腹筋をしっかり使い、
くびれの土台を整えます。

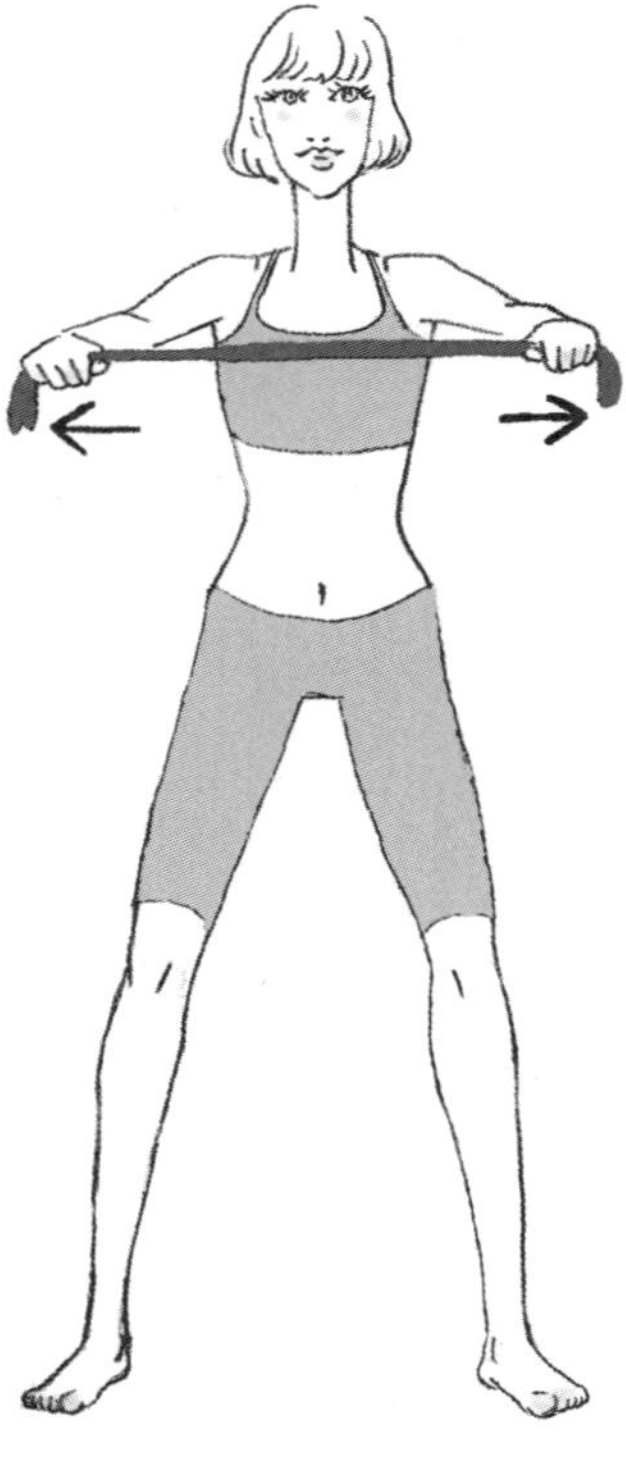

**1**

脚を肩幅に開き、つま先とヒザを正面に向けて立ちます。
腕を前に出してタオルを持ち、息を吸って吐きながら、左右にひっぱります。

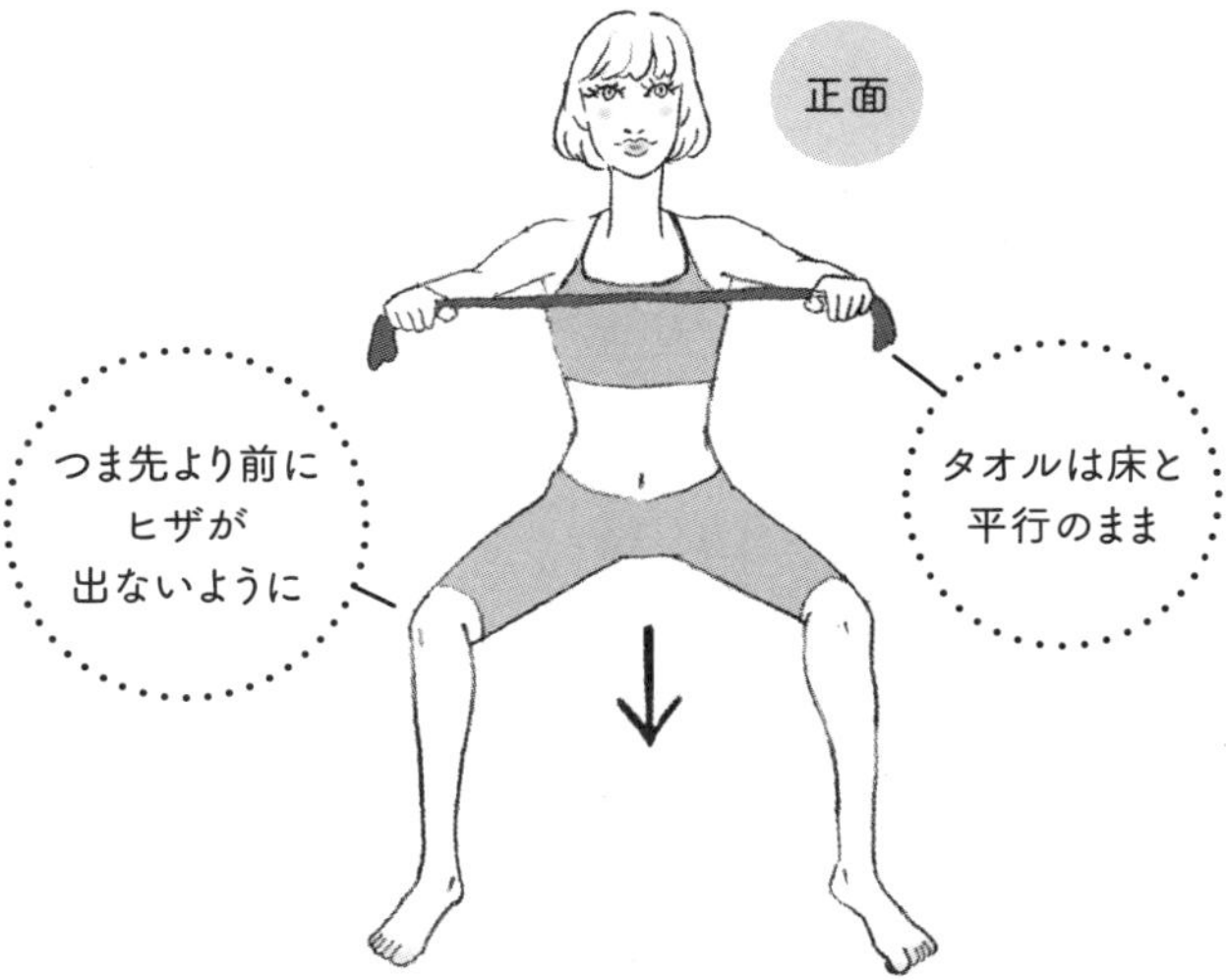

2

息を吸って吐きながら、背筋を伸ばしたまま腰をゆっくりと下ろして5秒キープ。

横から

正面

3

そのままの姿勢で息を吸って吐きながら、タオルが床と垂直になるまで上体を右にねじって5秒キープ。

4

ゆっくりと1の基本姿勢に戻して呼吸を整えたら、同様に2→3で今度は左にねじります。左右を交互に。

\難易度★/

# 船のポーズ

バランスをとりながら、下腹部を楽しく刺激します。

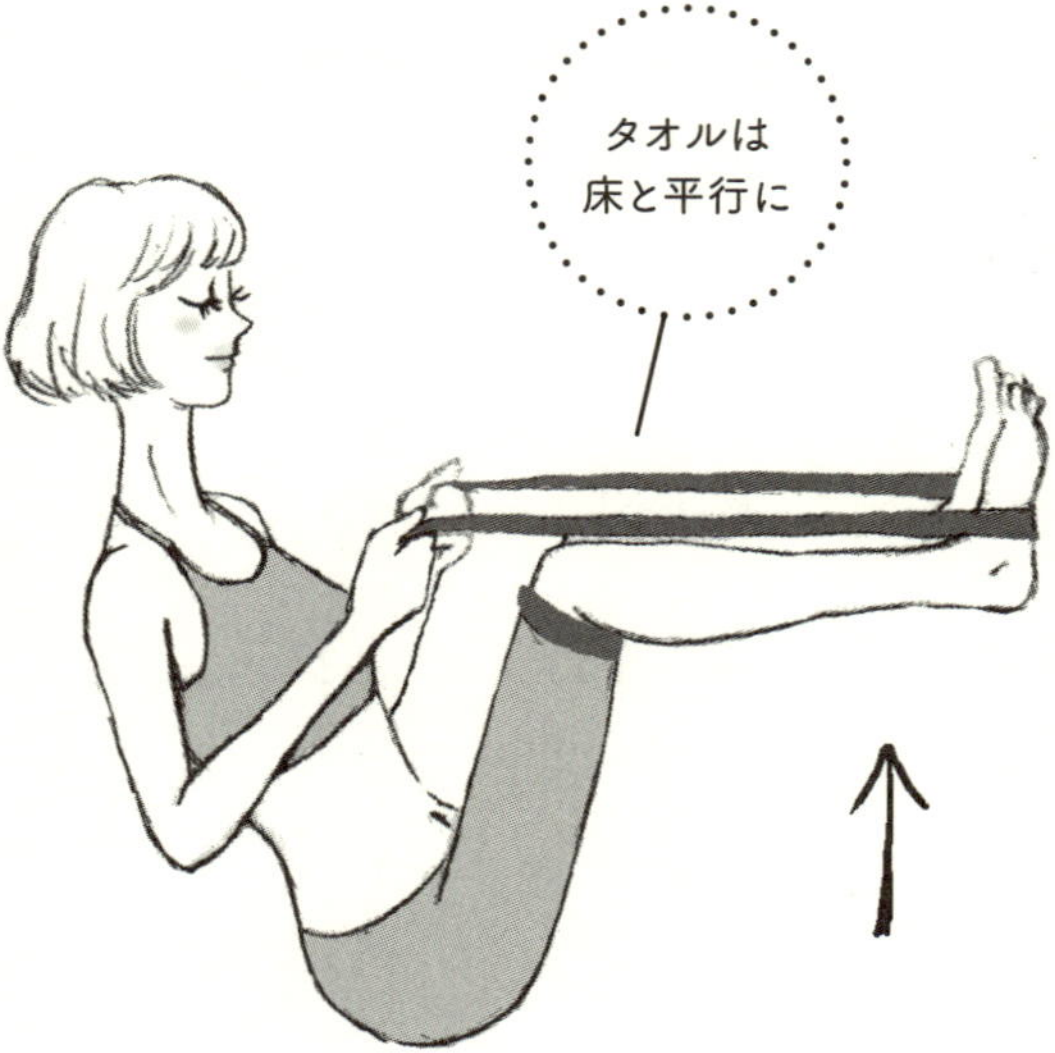


1

座位の姿勢で、両ヒザの上にタオルを結びます。両足の裏に渡したタオルの両端を持ち、息を吸って吐きながら、ふくらはぎが床と平行になるまで足をもち上げます。そのまま5秒キープ。背筋は伸ばしたまま。

**2**

息を吸って吐きながら、今度はヒザを伸ばしたまま
脚を上げて船のポーズ。そのまま5秒キープ。

＼難易度★★／

# サイクリング

リズミカルな動きで
腹筋や腸腰筋を大きく使って身体を支えます。

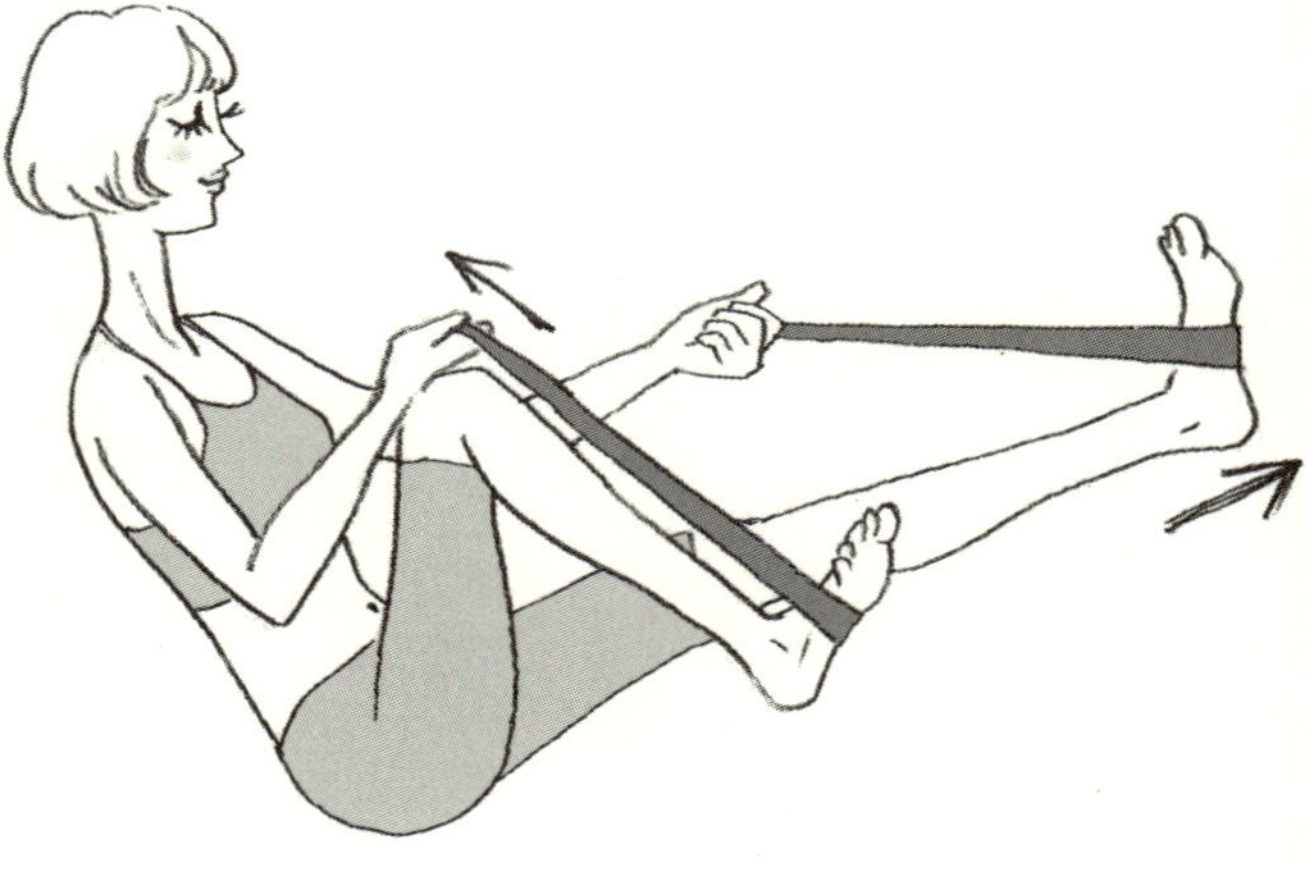

1

左右の足に1本ずつタオルを渡し、左足のタオルは左手で、右足のタオルは右手でつかみます。サイクリングのように脚を交互に踏み出します。踏み出すときは、タオルが床と平行になるように意識して。

## できる人は強度を上げて… ★★★

引き上げる方のふくらはぎを床と平行にキープ。
伸ばす方の足もなるべく上げて。

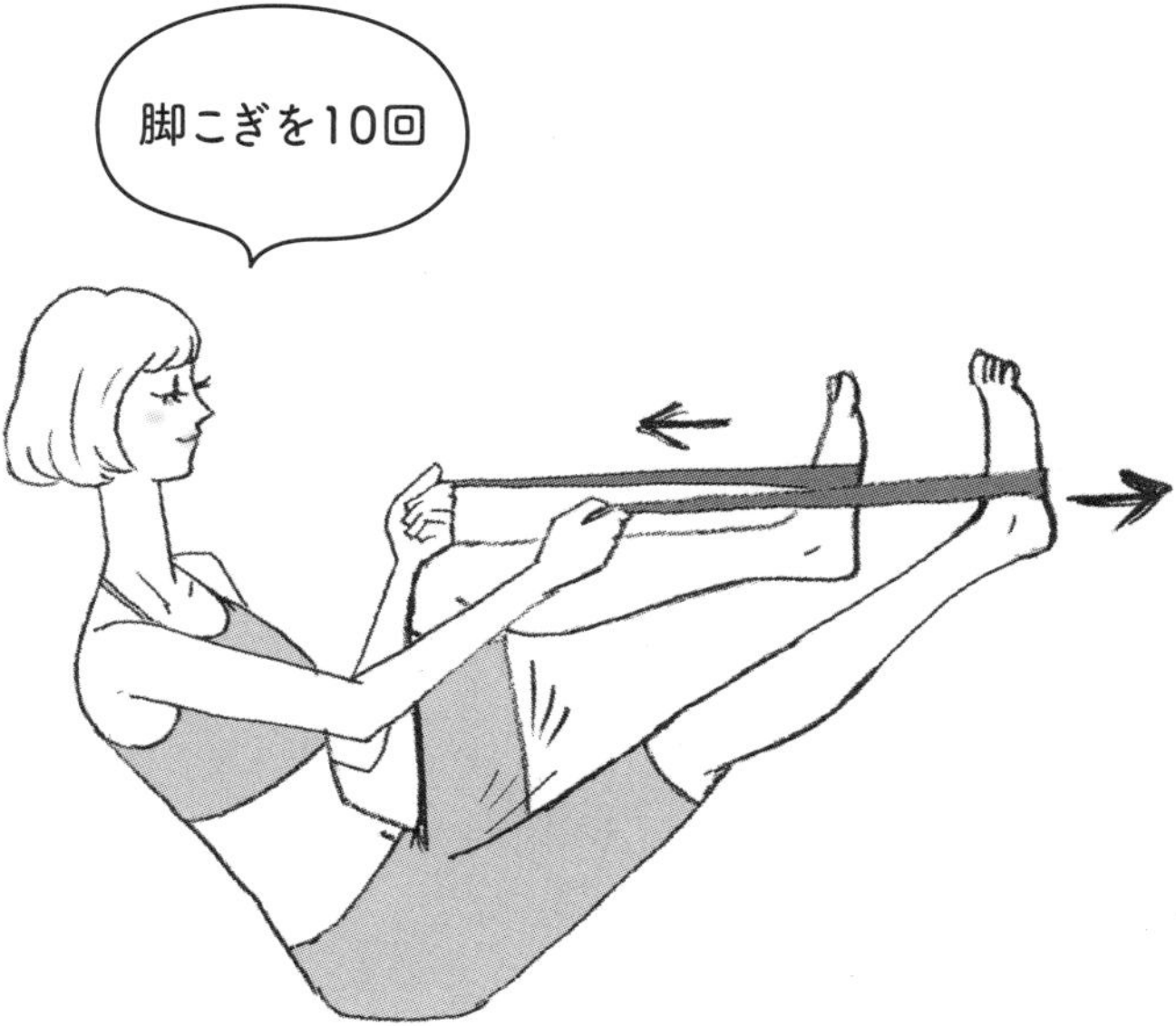


**POINT**

背筋は伸ばしたまま。腰を反らせないこと。

＼難易度★／

# 両脚の上げ下げ

タオルの力を借りて、
下腹部の筋肉を心地よく伸ばして鍛えます。

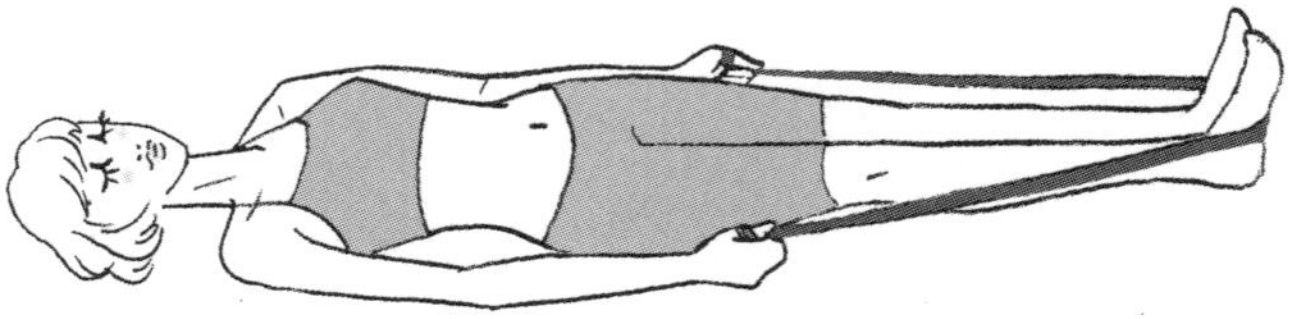

**1**

仰向けに寝て、両足の裏に3本をつないだタオルを渡し、体側でタオルの端をひっぱります。

## 2

ヒジを固定したまま、タオルを軽くひっぱって、両足を持ち上げます。

下腹部を使って
引き上げることを
意識して

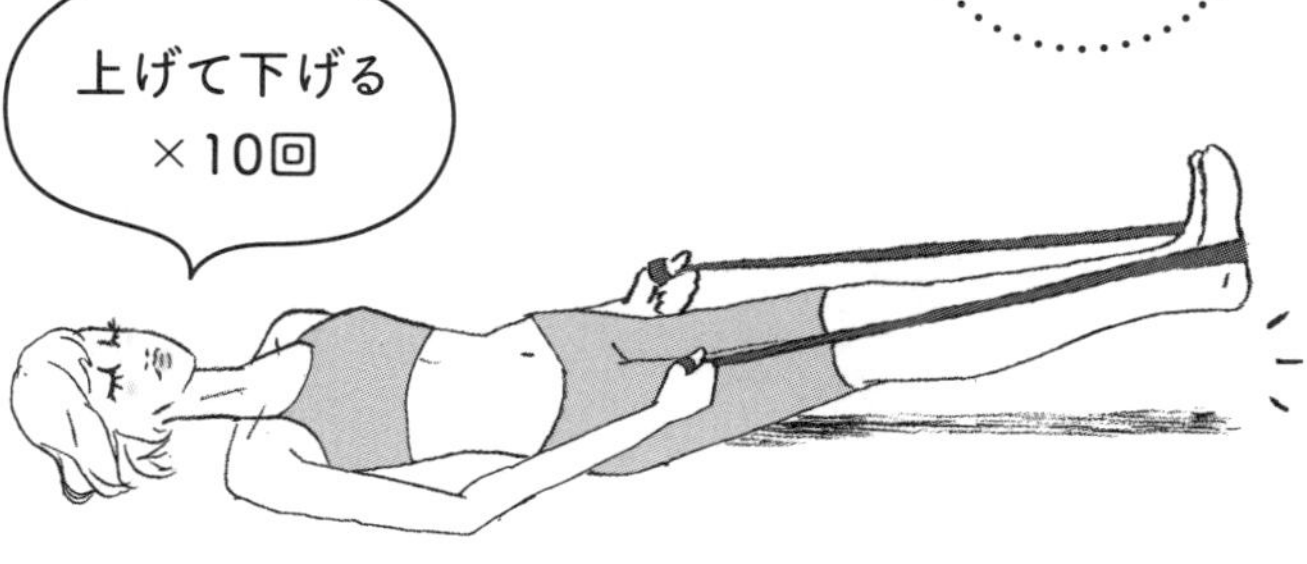
上げて下げる
×10回

## 3

上げた脚を下ろします。脚は床につけずに浮かせたまま5秒キープ。できる人はそのまま脚を上げて2へ。できない人は一度床につけてからでも。

＼難易度★★／

# 開脚

ダイナミックに足を開いて
腹筋と腸腰筋をじんわりと奥の方から刺激します。

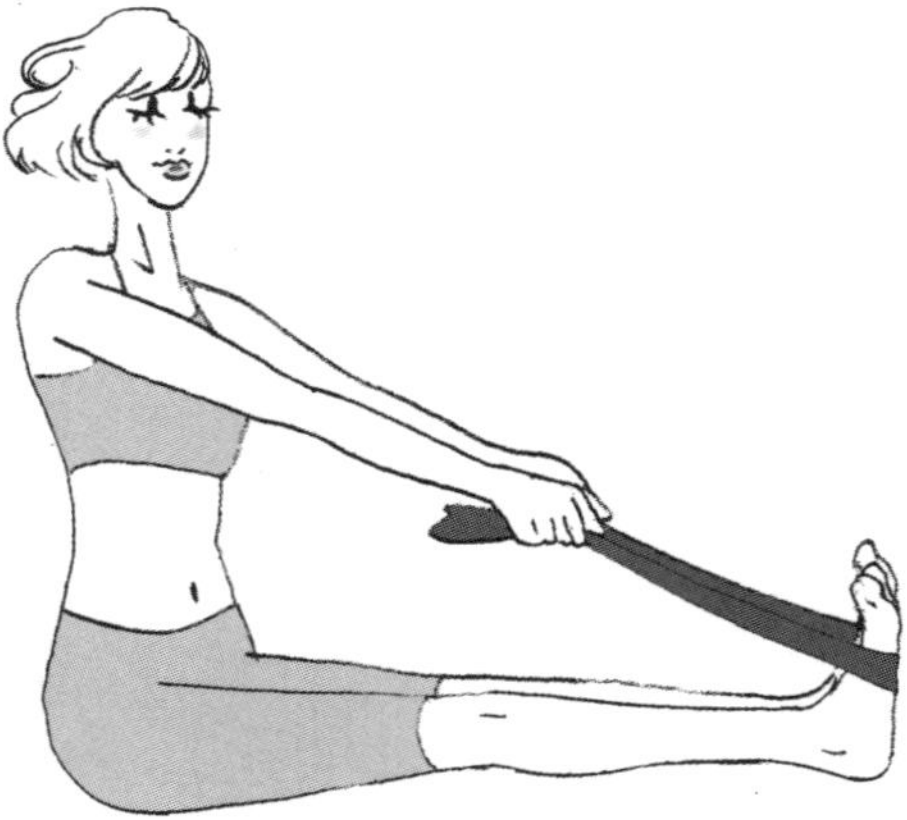

1

脚を伸ばした状態で座ります。
その後、タオルは放してOK。

POINT

ここまで開脚することは難しいです。できる範囲の開脚でOKです。

2

脚を真横に開きます。開くところまででOK。そのまま5秒キープ。

＼難易度★★★／

# 空中ウォーク

下腹部全体をひっぱってねじって、くびれの総仕上げ!

1

両脚に1本ずつタオルを渡し、
この姿勢からスタート。

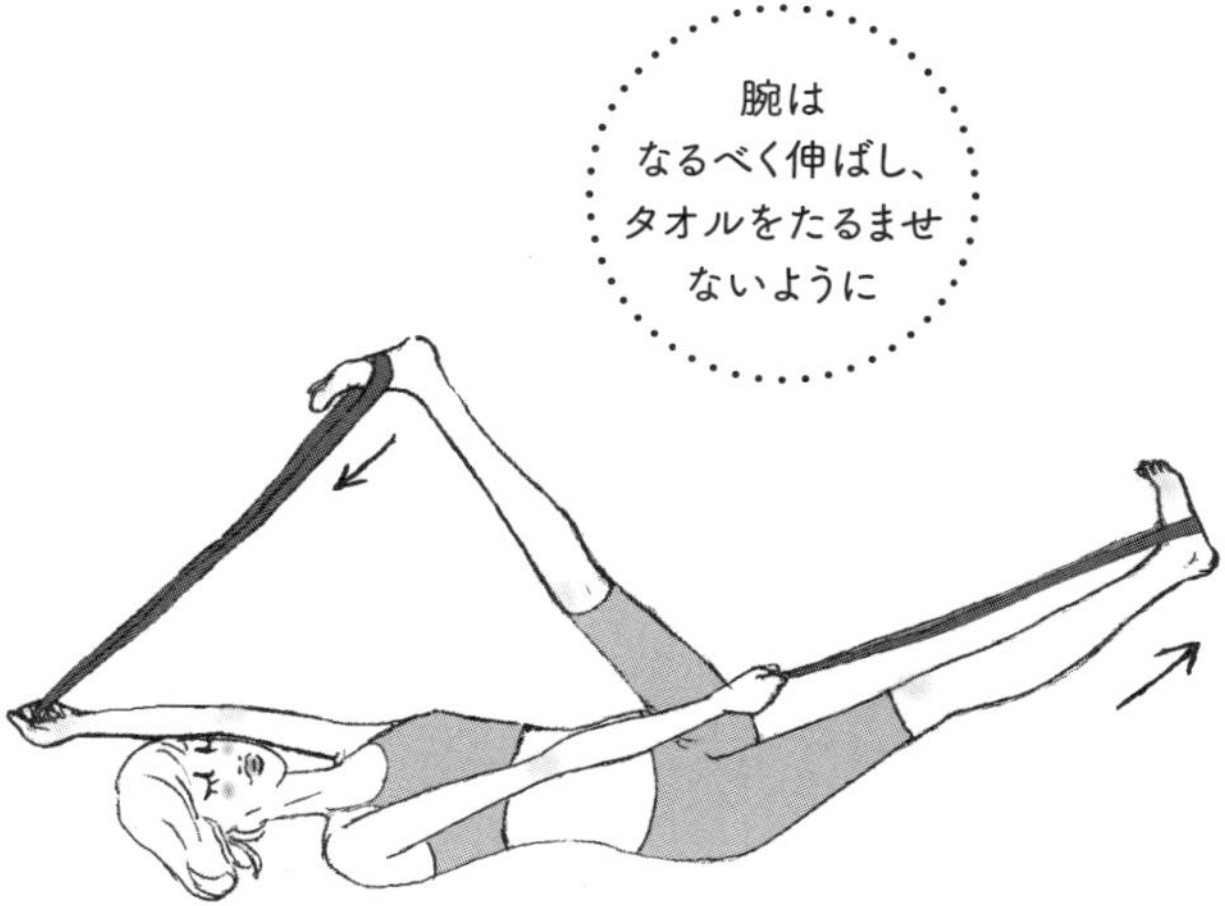
腕は
なるべく伸ばし、
タオルをたるませ
ないように

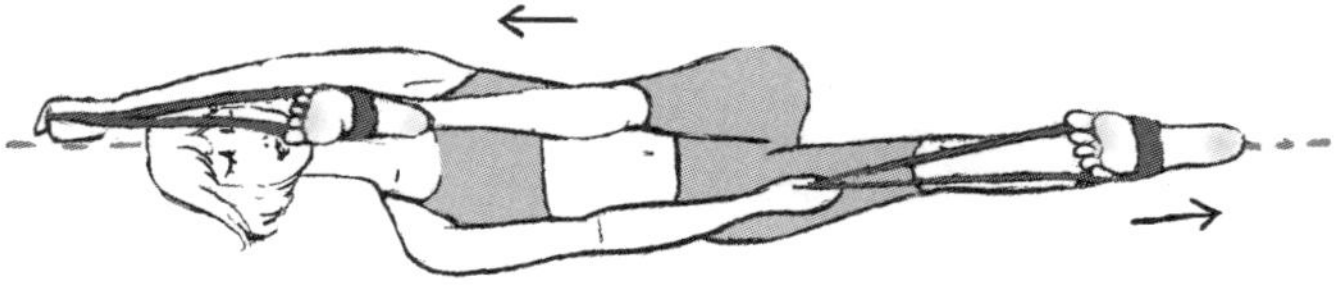

2

空中を大またで歩くような気分で、ヒザを曲げず脚を交差させます。
真上と真下に脚を下げるときは地面から浮かせたままで。

## できる人は強度を上げて… ★★★

前後の脚の角度をなるべく開き、
イラストのように脚をクロスさせて。

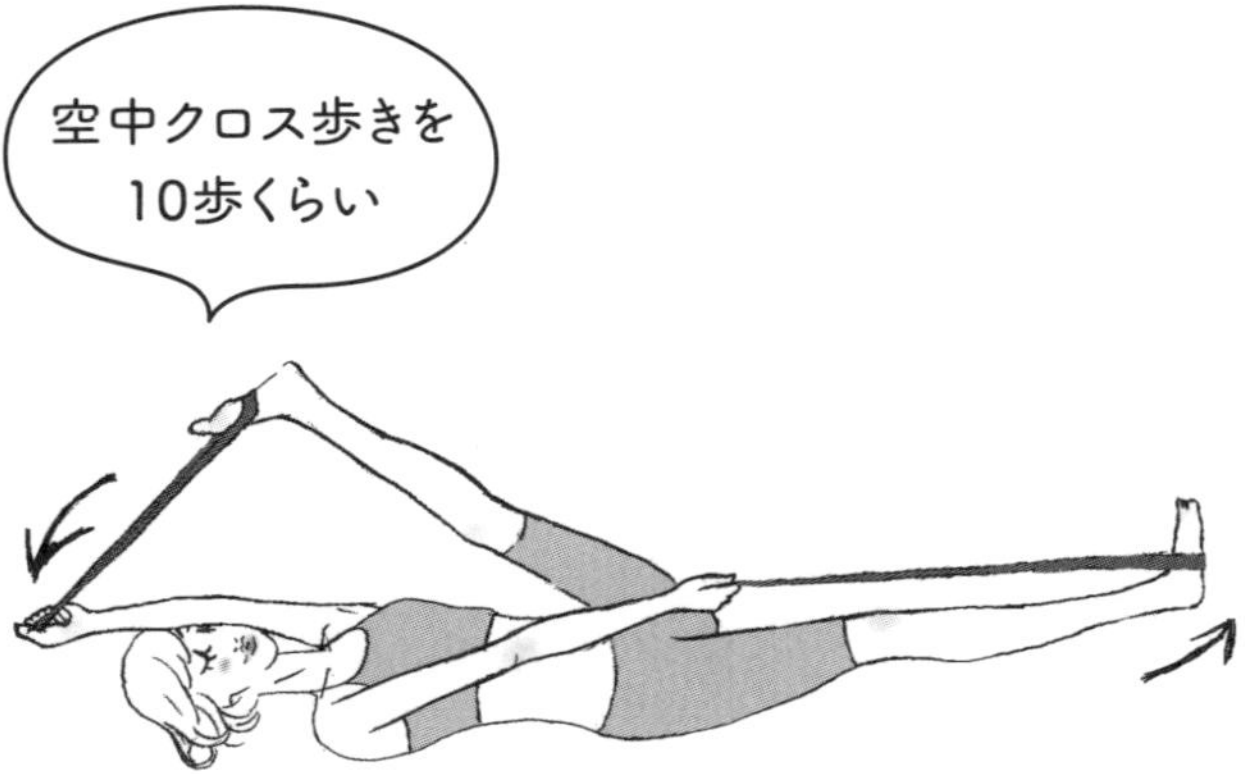


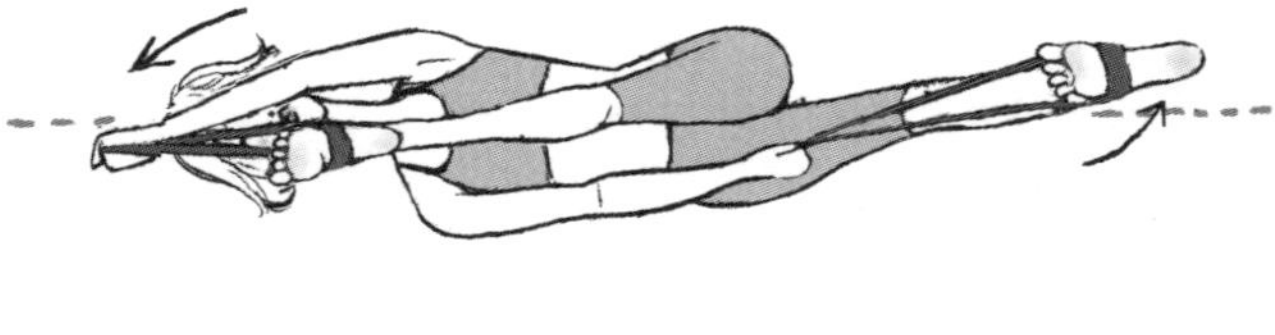

下腹部の筋肉全体を
使っていることを意識してね。
息を止めずに
ゆるやかなリズムで行いましょう。

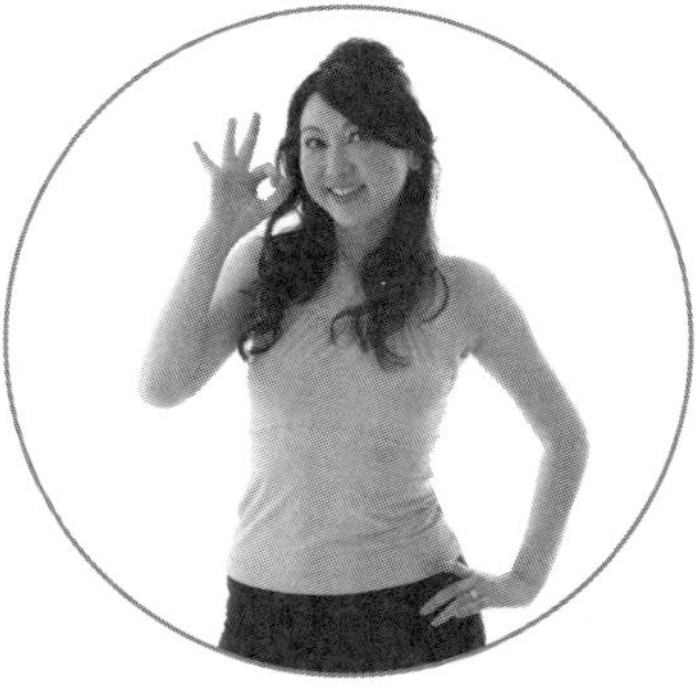

# おわりに

たくさんある本の中からこの本を手に取り、最後までお読みいただきありがとうございます。

お腹がスキッ！　と引き締まったことが実感できましたか？

今はまだ実感できなくても、「腹横筋ブレス」を継続すれば、必ず、結果がでますので、気長に生活の中に取り入れて習慣化してください。ご自分ではわからなくても、ふとしたときに、例えばショーウインドウに映った姿を見て「姿勢が良くなったな」と感じることができたら大成功！

自然のコルセット、「腹横筋」でお腹を内側から支えられている証拠です。

私が主宰する教室では、姿勢を整えるためにインナーマッスルである「腹横筋」を呼吸で整えることを行っています。難しくないので、習慣にしやすいのがいいところ。

難しいことは継続できません。その点から見ても、「腹横筋ブレス」は行ったあとは心地よく、場所を選ばずに簡単なので継続しやすくて、身体の変化を体感しやすいので、長年レッスンで取り入れているメソッドです。

生徒さんからは、腹横筋（呼吸）を意識したことで、〝久々に会った友人から「スッキリしたんじゃない？」といわれた〟、〝お洋服を着たときのラインが美しくなり、おしゃれが楽しくなった〟、産後のママたちは〝育児をしながらウエストが以前よりもスッキリした〟、と報告してくれました。

教室にいらっしゃる80代のマダム達は、皆さん活き活きしていて、アクティブで笑顔がキラキラしています。

〝健康診断で1センチ身長が伸びた〟、〝膝が痛くて歩くのが億劫だったけれど階段を昇って旅行に行くことができた！　歩くスピードが速くなった！〟など嬉しい声を届けてくれます。

本書では、教室の生徒さんから、とくに人気のある方法を掲載しています。

皆様のお腹がスキッと引き締まるためお役に立てたら嬉しいです。

この本は、２０１１年に発売された『テンションクロスでくびれる　お腹ひっぱりダイエット』をもとに、文庫化したものです。発売当時は、伸縮性のあるテンションクロスが付録としてついていて、テンションクロスを使ったエクササイズを紹介していましたが、本書では、みなさんのご自宅にある、「タオル」を使用するという形に変更しました！

エクササイズを行う際に、長さが足りない場合も想定されますので、「複数のタオルを結んで使用」というご紹介になっているものもあります。もし、ゴムチューブをお持ちでしたら、そちらを使うとより実践しやすいと思いますのでお試しください。

私は、姿勢とウォーキングの講師として活動して35年になります。

たくさんの生徒さんとご一緒し、私自身、年齢を重ね、出産、閉経を迎え、身体が変化してもなお、活動を継続し現在にいたります。

変化してきたものはありますが、変わらないのは、「健やかに美しく」が活動テーマにあることです。

私たちの身体には、生まれながらにして持っている何十兆個の細胞、骨と筋肉があります。しかし、それぞれの遺伝子は異なり、そこに、ライフスタイルが長年関係していくと、同じエクササイズをしても、同じ状態になることはありません。

ですから、モデルさんや女優さん、スタイルのいい女性などほかの誰かと比べて、〝自分はあんな体型ではないから…〟、〝努力が足りないのかな…〟と落ち込むのは「健やかで美しく」とはかけはなれたことです。

「美」を生業にするモデルさんならば、他のモデルさんと自分を比べ、理想の体型に近づけることもプロとして必要なことですが、私たちは、自分が心地よく過ごせることが、人生を送るうえで優先すべきことなのです！

それができている人が醸し出す雰囲気は、「健やかで美しいもの」であると、35年講師をして実感しています。

本書でご紹介しているベースのエクササイズを基本として、腹斜筋、腹直筋を鍛えて、あなたの目指すウエストラインを、あなた自身でデザインしてください。

各教室でのレッスンはもちろん、本書も、私の想いを届ける大切な場所ですし、現在は、海外からレッスンに来てくださる方もいて、たくさんの人とご一緒できる機会ができました。大変ありがたいことです。

最後になりましたが、前著『お腹ひっぱりダイエット』からお世話になり、いつもそばでお力添えくださる、頼もしい編集の武田さん。文庫本の編集にあたりご尽力下さった宮田さん、青春出版社のみなさまに感謝しつつ、これからも、読者のみなさまとともに「健やかに美しく」をベースに末永く活動し続けたいと思います。

お腹がスキッ！　としまったみなさまと、どこかでお会いできること、楽しみにしています!!

ご自分自身が目指す「美しさ」を体現できますように、心よりお祈り申し上げます。

２０２４年秋　長坂靖子

# へこませるための くびれ日記

| 日付 | こんな<br>エクササイズをやりました | ウエストサイズ |
| --- | --- | --- |
| /<br>（　） | | エクササイズ前　　cm<br>エクササイズ後　　cm |
| /<br>（　） | | エクササイズ前　　cm<br>エクササイズ後　　cm |
| /<br>（　） | | エクササイズ前　　cm<br>エクササイズ後　　cm |
| /<br>（　） | | エクササイズ前　　cm<br>エクササイズ後　　cm |
| /<br>（　） | | エクササイズ前　　cm<br>エクササイズ後　　cm |
| /<br>（　） | | エクササイズ前　　cm<br>エクササイズ後　　cm |
| /<br>（　） | | エクササイズ前　　cm<br>エクササイズ後　　cm |

| 日付 | こんな<br>エクササイズをやりました | ウエストサイズ |
|---|---|---|
| ／<br>（　） | | エクササイズ前　cm<br>エクササイズ後　cm |
| ／<br>（　） | | エクササイズ前　cm<br>エクササイズ後　cm |
| ／<br>（　） | | エクササイズ前　cm<br>エクササイズ後　cm |
| ／<br>（　） | | エクササイズ前　cm<br>エクササイズ後　cm |
| ／<br>（　） | | エクササイズ前　cm<br>エクササイズ後　cm |
| ／<br>（　） | | エクササイズ前　cm<br>エクササイズ後　cm |
| ／<br>（　） | | エクササイズ前　cm<br>エクササイズ後　cm |

## へこませるための くびれ日記

| 日付 | こんな<br>エクササイズをやりました | ウエストサイズ |
| --- | --- | --- |
| ／<br>（　） | | エクササイズ前　cm<br>エクササイズ後　cm |
| ／<br>（　） | | エクササイズ前　cm<br>エクササイズ後　cm |
| ／<br>（　） | | エクササイズ前　cm<br>エクササイズ後　cm |
| ／<br>（　） | | エクササイズ前　cm<br>エクササイズ後　cm |
| ／<br>（　） | | エクササイズ前　cm<br>エクササイズ後　cm |
| ／<br>（　） | | エクササイズ前　cm<br>エクササイズ後　cm |
| ／<br>（　） | | エクササイズ前　cm<br>エクササイズ後　cm |

# 小さなことの積み重ねこそ美の近道

| 日付 | こんな<br>エクササイズをやりました | ウエストサイズ |
|---|---|---|
| /<br>(　) | | エクササイズ前 cm<br>エクササイズ後 cm |
| /<br>(　) | | エクササイズ前 cm<br>エクササイズ後 cm |
| /<br>(　) | | エクササイズ前 cm<br>エクササイズ後 cm |
| /<br>(　) | | エクササイズ前 cm<br>エクササイズ後 cm |
| /<br>(　) | | エクササイズ前 cm<br>エクササイズ後 cm |
| /<br>(　) | | エクササイズ前 cm<br>エクササイズ後 cm |
| /<br>(　) | | エクササイズ前 cm<br>エクササイズ後 cm |

本書は『テンションクロスでくびれる！　お腹ひっぱりダイエット』（二〇一一年・小社刊）を大幅に加筆・修正したものです。

青春文庫

腹横筋《ふくおうきん》ブレスで「お腹《なか》」がスキッとしまる！

2024年11月20日　第1刷

著　者　長《なが》坂《さか》靖《やす》子《こ》

発行者　小澤源太郎

責任編集　株式会社プライム涌光

発行所　株式会社青春出版社


〒162-0056　東京都新宿区若松町 12-1
電話 03-3203-2850（編集部）
　　03-3207-1916（営業部）
振替番号　00190-7-98602


印刷／中央精版印刷
製本／フォーネット社
ISBN 978-4-413-29864-3


©Yasuko Nagasaka 2024 Printed in Japan
万一、落丁、乱丁がありました節は、お取りかえします。

本書の内容の一部あるいは全部を無断で複写（コピー）することは著作権法上認められている場合を除き、禁じられています。